Princípios de Linguagens de Programação

Blucher

Princípios de Linguagens de Programação

Ana Cristina Vieira de Melo
Flávio Soares Corrêa da Silva
Universidade de São Paulo

```pascal
program comb;
procedure OrdenaDecrescente
   (var a: Integer; var b: Integer);
   var c: Integer;
   begin
     if (a < b) then
     begin
        c := a;
        a := b;
        b := c
     end
   end;
function Fatorial(a: Integer):
   Integer;
   var b: Integer;
   begin
     b := 1;
     while (a > 1) do
     begin
        b := b * a;
        a := a - 1
     end;
     Fatorial := b
   end;
function CalculaResultado
   (a: Integer; b: Integer): Integer;
   var
     c: Integer;
   begin
     c := Fatorial(a) div (Fatorial(b) * Fatorial(a-b));
     CalculaResultado := c
   end;
var
   p,q:Integer;
   begin
     readln(p);
     readln(q);
     if ((p >= 0) and (q >= 0)) then
     begin
        OrdenaDecrescente(p,q);
        writeln(CalculaResultado(p,q))
     end
     else
        writeln('dados inadequados')
   end.
```

Princípios de linguagem de programação
© 2003   Ana Cristina Vieira de Melo
           Flávio Soares Corrêa da Silva
4ª reimpressão – 2022
Editora Edgard Blücher Ltda.

Blucher

Rua Pedroso Alvarenga, 1245, 4º andar
04531-012 – São Paulo – SP – Brasil
Tel 55 11 3078-5366
contato@blucher.com.br
www.blucher.com.br

É proibida a reprodução total ou parcial por quaisquer meios, sem autorização escrita da Editora.

Todos os direitos reservados pela Editora Edgard Blücher Ltda.

FICHA CATALOGRÁFICA

Melo, Ana Cristina Vieira de
    Princípios de linguagens de programação / Ana Cristina Vieira de Melo, Flávio Soares Corrêa da Silva. – São Paulo: Blucher, 2003.

ISBN 978-85-212-0322-3

1. Linguagens de programação (Computadores)
I. Silva, Flávio Soares Corrêa da. II. Título.

10-05347   CDD-005.13

Índices para catálogo sistemático:
1. Linguagem de programação: Computadores Processamento de dados   005.13

Prefácio

O estudo de linguagens de programação é um tópico central à Ciência da Computação. Além dos cientistas de Computação, existe uma vasta comunidade de profissionais que usam as linguagens de programação como instrumento de trabalho. Existem, hoje, várias linguagens de programação disponíveis no mercado. Dado um novo problema que um profissional da área deve resolver, qual a linguagem (ou linguagens) de programação mais adequada? Quando comparamos as linguagens vemos que várias delas possuem elementos escritos de forma diferente que produzem resultados semelhantes, ou ainda, elementos escritos da mesma forma que produzem resultados diferentes. Então, como avaliar qual a linguagem adequada para o problema a ser resolvido?

Muitos dos usuários de linguagens de programação atuais têm conhecimento de várias linguagens. Na maioria das vezes, eles tiveram a oportunidade de aprender o uso das linguagens (como escrever um programa na linguagem e como usar um ambiente de programação). Contudo, quantos desses usuários consegue avaliar os recursos que as linguagens oferecem? Alguns poderiam responder, de imediato, algo relativo à quantidade de comandos disponíveis, ou ainda recursos relacionados ao ambiente (ferramentas) de programação que têm usado. Mas, a qualidade e expressividade de uma linguagem de programação não se resume às ferramentas disponíveis para ela, apesar de serem muito úteis na prática.

Na realidade, a qualidade da linguagem está relacionada tanto à adequação da mesma para representação de dados do "mundo real", quanto aos seus recursos computacionais para o processamento desses dados de forma natural. Claro que a facilidade de representação, assim como do processamento, depende dos propósitos da linguagem (para que ela se destina). Este livro tem como objetivo elucidar os conceitos fundamentais de linguagens de programação para que o leitor possa distinguir quais elementos de uma linguagem implementam, de fato, características distintas e quais dos elementos são implementações diferentes de uma mesma característica.

A primeira parte do livro é dedicada a esses conceitos, juntamente com vários exemplos de como eles aparecem em linguagens de programação atuais. Tivemos como foco principal a apresentação dos fundamentos independente de suas implementações... comum, mesmo para profissionais experientes, dúvidas sobre se uma dada característica de uma linguagem é proveniente do projeto da linguagem ou do processador em uso. Em alguns casos, determinadas soluções de um problema podem produzir resultados diferentes em processadores distintos de uma mesma linguagem. Para o bom uso de uma linguagem, o programador deve conhecer as características das linguagens, bem como características e restrições do processador em uso. Neste livro, tratamos os conceitos inerentes às linguagens sob os pontos de vista de representação de dados e formas de processamento, e nos abstraímos das possíveis implementações. Em alguns dos conceitos, o leitor encontrará comentários sobre implementações, mas sempre dissociando o conceito da implementação.

Formas diferentes de processamento (Computação) fornecidas pelas linguagens requerem modelagens distintas dos dados e de resolução de problemas. A essas formas distintas de resolver problemas nas linguagens, chamamos de paradigmas de programação. Precisamos, primeiro, identificar o problema a ser resolvido, qual a forma computacional mais apropriada para resolver o problema, para então decidirmos qual o paradigma de programação que se adequa à solução dada ao problema. Novamente, a percepção da linguagem a ser usada para a solução do problema depende dos conceitos inerentes à linguagem. Para isso, precisamos entender os conceitos para então entender os paradigmas atuais de programação. A segunda parte do livro é dedicada à apresentação de alguns dos paradigmas de programação atuais à luz dos conceitos apresentados na primeira parte.

São Paulo, fevereiro de 2003
ACVM & FSCS

Agradecimentos

Somos gratos ao Departamento de Ciência da Computação da Universidade de São Paulo, por proporcionar os recursos institucionais que possibilitaram o desenvolvimento deste trabalho; aos estudantes do bacharelado em Ciência da Computação, pela participação na disciplina de graduação Conceitos Fundamentais de Linguagens de Programação, a partir da qual este livro foi desenvolvido e para a qual ele é primordialmente dirigido; à Editora Edgard Blücher e diretamente ao Dr. Edgard Blücher, por nos haver proporcionado a oportunidade de ver esse trabalho publicado; aos leitores das versões preliminares do livro, que generosamente se dispuseram a analisar o que estava sendo preparado, opinar e sugerir modificações. Todas as sugestões e opiniões foram valiosas para aperfeiçoar o texto final. (Naturalmente, os autores se responsabilizam por todas as imperfeições presentes no livro.) Agradecemos, em especial, ao Dr. Roger Josef Zemp e a Alexandre Aiello Barbosa, pela leitura durante o desenvolvimento do trabalho.

Flávio agradece à sua esposa Renata e sua filha Maria Clara pela inspiração e pelo estímulo para completar este trabalho.

Ana agradece, em especial, a Roger por mais uma vez ter-se empenhado nos ensinamentos de conduzir a vida com paciência para que este trabalho fosse concluído. Agradece também à Faculdade de Engenharia Elétrica e de Computação da Unicamp pelo uso dos recursos computacionais que viabilizaram a escrita do livro nos dias em que esteve em Campinas.

Conteúdo

		Prefácio	v
		Agradecimentos	vii
1		Introdução	1
	1.1	A Quem se Destina Este Livro	2
	1.2	Tópicos Não Tratados Neste Livro	3
	1.3	Conteúdo dos Capítulos e Seqüências de Leituras Recomendadas	4

Parte I — Conceitos fundamentais

2		Linguagens de programação: noções preliminares	7
	2.1	Sintaxe e Semântica	9
	2.2	Compiladores e Interpretadores	9
	2.3	Metodologia de Programação	10
	2.4	Características Desejáveis para Uma Linguagem de Programação	10
	2.5	Tipologia das Linguagens de Programação	12
	2.6	Leitura Recomendada	13
	2.7	Exercícios	13

3	Valores e tipos		15
	3.1	Por que Estudar Tipos de Dados?	16
	3.2	Tipos Primitivos	18
		3.2.1 Numéricos	19
		3.2.2 Não-Numéricos	19
		3.2.3 Enumerados	20
	3.3	Tipos Compostos	22
		3.3.1 Produto Cartesiano	22
		3.3.2 União Disjunta	24
		3.3.3 Mapeamentos	27
		3.3.4 Conjuntos Potência	30
	3.4	Tipos Recursivos	31
	3.5	Tipos Construídos pelo Programador	35
	3.6	Leitura Recomendada	36
	3.7	Exercícios	37
4	Variáveis		39
	4.1	O Papel das Variáveis nos Programas	40
	4.2	Armazenamento e Acesso a Valores	41
		4.2.1 Variáveis Simples	41
		4.2.1.1 Tipos Primitivos	42
		4.2.1.2 Tipos Compostos	45
		4.2.1.3 Tipos Recursivos	46
		4.2.2 Variáveis Compostas	47
		4.2.2.1 Produto Cartesiano	47
		4.2.2.2 União Disjunta	48
		4.2.2.3 Mapeamentos	50
		4.2.2.4 Tipos Recursivos	52
	4.3	As Variáveis e sua Existência	53
		4.3.1 Variáveis Globais e Locais	53
		4.3.2 Variáveis Intermitentes (*Heap*)	54
		4.3.3 Variáveis Persistentes	54
		4.3.4 Problemas Relacionados à Existência das Variáveis	54
	4.4	Leitura Recomendada	55
	4.5	Exercícios	56
5	Vinculações e verificação de tipos		59
	5.1	Vinculações	60
		5.1.1 Formas de Vinculação	61
		5.1.2 Tempo de Vinculação	62

	5.2	Escopo *versus* Vinculações	63
	5.3	Sistema de Tipos	66
		5.3.1 Monomorfismo	67
		5.3.2 Sobrecarga	68
		5.3.3 Polimorfismo	72
	5.4	Verificação de Tipos	74
		5.4.1 Equivalência de Tipos	74
		5.4.2 Inferência de Tipos	77
	5.5	Linguagens Fortemente Tipificadas	79
	5.6	Leitura Recomendada	80
	5.7	Exercícios	80
6	Expressões e comandos		83
	6.1	O Programa como Máquina Abstrata	84
	6.2	Expressões	84
		6.2.1 Expressões como Valores	84
		6.2.1.1 Literais	85
		6.2.1.2 Agregação de Valores	85
		6.2.1.3 Aplicação de Funções	86
		6.2.1.4 Expressões Condicionais	86
		6.2.1.5 Valores associados a identificadores	87
		6.2.2 Avaliação de Expressões	87
		6.2.2.1 Ordem de avaliação	87
		6.2.2.2 Efeitos colaterais	89
	6.3	Comandos	90
		6.3.1 Atribuição	91
		6.3.2 Instruções Compostas e Blocos	92
		6.3.3 Condicionais	93
		6.3.3.1 Seleção Bidirecional	93
		6.3.3.2 Seleção n-direcional	95
		6.3.4 Iterativos	98
		6.3.4.1 Número predefinido de iterações	98
		6.3.4.2 Número indefinido de iterações	100
		6.3.5 Desvio Incondicional	101
	6.4	Leitura Recomendada	101
	6.5	Exercícios	102
7	Abstrações		103
	7.1	Tipos de Abstrações	104
	7.2	Abstração de Processos	104
		7.2.1 Funções	104

		7.2.2	Procedimentos	107
	7.3	Parâmetros		107
		7.3.1	Mecanismos de Passagem de Parâmetros	109
			7.3.1.1 Cópia de Valores	109
			7.3.1.2 Referência a Valores	111
		7.3.2	Parametrização de Tipos	113
		7.3.3	Ordem de Avaliação	114
	7.4	Abstração de Tipos		116
		7.4.1	Tipos Abstratos	116
		7.4.2	Classes	121
		7.4.3	Tipos Abstratos Genéricos	122
	7.5	Leitura Recomendada		124
	7.6	Exercícios		124

Parte II Paradigmas e linguagens de programação

8	Programação Funcional			129
	8.1	Fundamentos: o λ-cálculo		130
	8.2	Variáveis e Tipos de Dados		134
	8.3	Expressões e Programas		134
	8.4	Estratégias para Reduções		138
	8.5	A Linguagem Haskell		139
	8.6	Leitura Recomendada		141
	8.7	Exercícios		141
9	Programação imperativa			143
	9.1	Variáveis, Valores e Tipos		144
	9.2	Expressões e Comandos		146
	9.3	Modularidade		148
		9.3.1	Blocos	149
		9.3.2	Procedimentos e Funções	149
		9.3.3	Parâmetros	150
	9.4	Um Exemplo		151
	9.5	A Linguagem Pascal		154
	9.6	Leitura Recomendada		156
	9.7	Exercícios		156

10	Programação orientada por objetos		157
	10.1 Introdução		158
	10.2 Fundamentos		159
		10.2.1 Classes e Métodos	160
		10.2.2 Herança	162
		10.2.3 Subtipos *versus* Subclasses	164
		10.2.4 Polimorfismo e Vinculação Dinâmica	164
	10.3 A Linguagem Smalltalk		165
		10.3.1 Objetos e Classes	166
		10.3.2 Variáveis e Vinculações	166
		10.3.3 Expresões e Comandos	167
	10.4 Leitura Recomendada		167
	10.5 Exercícios		168
11	Programação baseada em lógica		169
	11.1 Aspectos Operacionais		171
		11.1.1 Linguagens de primeira ordem	171
		11.1.2 Substituições e unificações	172
		11.1.3 Resolução	175
		11.1.4 Exemplos	177
	11.2 Aspectos Lógicos		180
	11.3 A Linguagem Prolog		183
	11.4 Leitura Recomendada		184
	11.5 Exercícios		185
12	Programação baseada em propagações de restrições		187
	12.1 Valores e Tipos		190
	12.2 Variáveis		191
	12.3 Expressões e Comandos		191
	12.4 Um Exemplo		193
	12.5 O Ambiente de Programação Mozart-Oz		194
	12.6 Leitura Recomendada		198
	12.7 Exercícios		199
13	Epílogo		201
	Referências bibliográficas		203
	Índice remissivo		209

Lista de figuras

Figura 1	Tipologia de linguagens de programação	12
Figura 2	Produto cartesiano	23
Figura 3	União disjunta	25
Figura 4	Mapeamento	28
Figura 5	Conjuntos potência	30
Figura 6	Tipo recursivo	33
Figura 7	Reduções "de dentro para fora" ou "*a priori*" — fatorial	136
Figura 8	Reduções "de fora para dentro" ou "sob demanda" — fatorial	137
Figura 9	Árvore de busca e solução do problema SEND+MORE=MONEY: uma solução	197
Figura 10	Árvore de busca e solução do problema SEND+MORE=MONEY: todas as soluções	198

1
Introdução

"On themes that are common to us all I shall not speak in the common language; I am not going to repeat you, comrades, I am going to dispute with you."
Boris Pasternak

O estudo dos princípios e fundamentos de linguagens de programação é essencial para qualquer profissional de programação. É a partir desse estudo que as características específicas de cada linguagem podem ser identificadas, permitindo que programas de qualidade sejam desenvolvidos. Evidentemente, é também a partir desse estudo que características *desejáveis* para linguagens de programação podem ser identificadas e cuidadosamente descritas, para serem incorporadas às linguagens novas ou já existentes.

Neste livro apresentamos os princípios das linguagens de programação atualmente em uso. Nosso objetivo foi apresentar esses conceitos de forma tecnicamente precisa e com a devida profundidade, porém acessível e sem requerer conhecimentos técnicos prévios. Dessa forma, pretendemos tornar esses conhecimentos disponíveis para estudantes de graduação e profissionais de programação sem exigir uma formação acadêmica específica.

Diferentemente do que encontramos como sendo a estratégia adotada pela maioria dos livros sobre esse tema na literatura, nós preferimos uma abordagem *descendente* para apresentar os temas tratados: na Parte I, são expostos os conceitos fundamentais para a composição de qualquer linguagem de programação; na Parte II, esses conceitos são posicionados perante os paradigmas correntemente em uso para o desenvolvimento de programas (funcional, imperativo, orientado a objetos, lógico e orientado a propagações de restrições). Consideramos essa abordagem mais didática do que uma abordagem *ascendente*, em que os paradigmas de programação são apresentados e os conceitos fundamentais são depreendidos do que se pratica dentro de cada paradigma.

1.1 A QUEM SE DESTINA ESTE LIVRO

O livro *Princípios de Linguagens de Programação* foi preparado especificamente para estudantes de graduação em Ciência da Computação e áreas afins. Ele é o resultado da apresentação da disciplina Conceitos Fundamentais de Linguagens de Programação no curso de bacharelado em Ciência da Computação da Universidade de São Paulo para diversas turmas desde 2000.

Acreditamos e esperamos que ele também seja do interesse de quaisquer profissionais cujas atuações estejam de alguma forma relacionadas à programação de computadores.

Assim como ocorre com as linguagens naturais (português, inglês, etc.), as linguagens de programação permitem seu estudo partindo de dois extremos opostos, que jocosamente chamaremos aqui de abordagens do *poliglota iletrado* e do *lingüista teórico*.

Um poliglota iletrado é fluente em diversos idiomas — e, portanto, um poliglota. Ele, entretanto, também é um iletrado em assuntos de lingüística. Assim, o poliglota iletrado é incapaz de abstrair e generalizar as estruturas lingüísticas presentes nos diversos idiomas que ele domina, o que lhe permitiria depreender algo a respeito da organização íntima daquilo que constitui um idioma, assim como aprender novos idiomas com muito mais eficiência. Para um poliglota iletrado, aprender um novo idioma é sempre igualmente difícil e penoso.

Um lingüista teórico, por outro lado, entende muito bem as estruturas lingüísticas presentes em qualquer idioma, o que lhe possibilita apreciar essas estruturas em diferentes idiomas — conhecidos ou ainda por conhecer. O lingüista teórico *estuda* essas estruturas e teoriza a respeito delas. O lingüista teórico, entretanto, é incapaz de utilizar confortavelmente os idiomas estudados em uma conversação fluente.

O poliglota iletrado é prático. O lingüista teórico se restringe a ser teórico. No contexto da programação de computadores, um poliglota iletrado consegue programar utilizando diversas linguagens, mas tem dificuldades para explorar eficientemente os recursos específicos oferecidos por aquelas linguagens. Já um lingüista teórico consegue explicar e analisar cada um dos recursos específicos de cada linguagem de programação; porém, sente grande dificuldade em efetivamente *programar* em qualquer linguagem.

Consideramos que um bom profissional de Ciência da Computação precisa ter um pouco de cada um desses perfis. Preparamos este livro para que os poliglotas iletrados possam apreciar a teoria de linguagens de programação, com base em sua experiência prática, e para que os lingüistas teóricos possam apreciar as possibilidades concretas de aplicação de seu conhecimento na efetiva construção de programas.

Nosso livro, portanto, se destina a:

- estudantes de graduação em Ciência da Computação e áreas correlatas;
- estudantes de pós-graduação em áreas relacionadas com desenvolvimento de software, especialmente aqueles em início de seus programas de mestrado e doutorado;
- profissionais de informática interessados no melhor entendimento dos fundamentos de linguagens de programação e que pretendam selecionar o melhor paradigma de programação para cada problema a resolver.

1.2 TÓPICOS NÃO TRATADOS NESTE LIVRO

O estudo mais aprofundado de certos aspectos da semântica de linguagens de programação requer uma formação específica em diversas áreas da Matemática e Ciência da Computação (como, por exemplo, linguagens formais, álgebra universal, lógica matemática e teoria de categorias). Preferimos manter o livro acessível mesmo para os não especialistas e para os estudantes de graduação e dessa forma deixamos esses temas para publicações posteriores.

Outro tema que fica para um próximo livro é a construção de compiladores. No presente livro nos concentramos apenas na apresentação dos *princípios e fundamentos* de linguagens de programação e tratamos apenas superficialmente como esses princípios e fundamentos podem ser utilizados para efetivamente construir novos interpretadores e compiladores.

Finalmente, para garantir a concisão da obra e para permitir que ela se mantenha atualizada por mais tempo, preferimos não incluir análises e avaliações de produtos específicos para processamento de linguagens de programação (como, por exemplo, compiladores e interpretadores dessa ou daquela linguagem, propostos por empresas ou organizações específicas). Essas análises podem ser efetuadas a qualquer momento sob encomenda pelos autores, mas acreditamos que elas não devam constar de livros texto como esse.

Os tópicos que *não* são tratados no presente livro, portanto, são:

- estudos formais de semântica de linguagens de programação — embora alguns conceitos preliminares estejam incluídos no livro;
- análise de linguagens e de implementações específicas de linguagens de programação — algumas linguagens são mencionadas apenas para tornar as discussões mais concretas;
- estudos sobre processadores de linguagens de programação e como construí-los;
- projetos de linguagens de programação;
- projeto e implementação de processadores para linguagens de programação.

1.3 CONTEÚDO DOS CAPÍTULOS E SEQÜÊNCIAS DE LEITURAS RECOMENDADAS

O livro está organizado em duas partes. Na Parte I apresentamos os conceitos fundamentais que compõem qualquer linguagem de programação. No Capítulo 2 apresentamos alguns conceitos preliminares e uma visão geral dos diferentes paradigmas de programação. No Capítulo 3 apresentamos o motivo de existência dos programas, que são os valores a serem criados ou atualizados por eles. Valores são representações de elementos do "mundo real", que são manipulados por programas da mesma forma como os elementos que eles representam são manipulados por máquinas "concretas". Valores são organizados em *tipos*, e essa organização é também apresentada no mesmo capítulo. No Capítulo 4 apresentamos as variáveis, que são as entidades das linguagens de programação que permitem que valores sejam armazenados para acesso pelos programas, de forma temporária ou permanente. No Capítulo 5 apresentamos os processos de vinculação de valores e de tipos a variáveis. No Capítulo 6 apresentamos as entidades responsáveis pela manipulação em si dos valores expressos nas variáveis. No Capítulo 7 apresentamos o conceito de *abstração*, um conceito fundamental para a construção de programas corretos, elegantes e eficientes, e como esse conceito ocorre nas linguagens de programação.

Na Parte II aplicamos os conceitos da Parte I, para construir os diferentes paradigmas de programação correntemente em uso. No Capítulo 8 apresentamos a programação funcional. No Capítulo 9 apresentamos a programação imperativa, também conhecida como procedimental. No Capítulo 10 apresentamos a programação orientada por objetos. No Capítulo 11 apresentamos a programação em lógica. Finalmente, no Capítulo 12 apresentamos a programação orientada a propagações de restrições.

Os capítulos da Parte I devem ser lidos em sua totalidade antes de qualquer capítulo da Parte II. Esses capítulos são razoavelmente independentes, porém recomendamos a leitura seqüencial de 2 até 7 para uma mais fácil absorção dos temas tratados. Os capítulos que formam a Parte II são mutuamente independentes e podem ser lidos em qualquer ordem e em função dos interesses específicos de cada leitor.

A apresentação dos paradigmas de programação não pretende ser exaustiva. O paradigma de programação concorrente, vastamente utilizado hoje, foi propositalmente omitido, dada a longa discussão que se faz necessária sobre os conceitos de concorrência (evitamos para manter o livro conciso).

O material contido nesse livro pode ser coberto com tranqüilidade em uma disciplina de 60 horas para um curso de Ciência da Computação ou correlato e ainda complementado com noções básicas de processadores de linguagens.

Parte I
Conceitos fundamentais

Na Parte I, são apresentados os conceitos fundamentais que formam uma linguagem de programação.

Nos Capítulos de 2 a 7 são expostos os conceitos de valores, tipos, variáveis, expressões, comandos e abstrações. Esses conceitos são mostrados em uma seqüência lógica, que acreditamos ser a mais didática para o entendimento de cada um dos "ingredientes" que compõem as linguagens de programação.

2
Linguagens de programação: noções preliminares

"Vivere tota vita discendum est et, quod magis fortasse miraberis, tota vita discendum est mori."
Sêneca

As linguagens de programação são amplamente conhecidas e utilizadas por profissionais da área de computação. Na maioria das vezes, tais profissionais são apenas usuários de linguagens e ambientes de programação.

Para que linguagens de programação possam ser utilizadas, elas precisam ter sido projetadas e implementadas. Alguém precisou descobrir do que os profissionais de computação precisam e o que eles esperam de uma linguagem de programação. Isso inclui estudos sobre o que é essencial nas linguagens para que os problemas possam ser resolvidos, uma tarefa que também é realizada pelos projetistas de linguagens. Ainda mais do que isso: o que se deseja de uma linguagem de programação precisa ser passível de implementação. Todas essas considerações devem deixar claro que o uso de uma linguagem não dota o usuário do conhecimento necessário para projetar e implementar uma linguagem de programação.

O projeto de uma linguagem de programação passa por uma questão essencial: o que é uma linguagem de programação?

Para responder a essa questão, podemos iniciar pela caracterização do que é um programa. Segundo [5], um programa é uma entidade que se manifesta de duas formas:

1. como um *documento*, ele especifica uma seqüência de operações a serem executadas;

2. durante a sua *execução*, ele efetivamente leva a cabo as operações especificadas.

Um programa, portanto, é uma *máquina abstrata* — já que manipula e produz entidades abstratas, que são os *dados*. Ele é ao mesmo tempo a *descrição* de uma máquina (o *documento*) e a própria máquina (quando está em *execução*).

Sendo uma máquina abstrata, o programa precisa ser *implementado* em um mecanismo físico para que sua execução abstrata possa ser *fisicamente simulada*. O mecanismo físico que simula a execução de programas é o computador.

Uma linguagem de programação determina os *recursos* disponíveis e sua forma de utilização para construir máquinas abstratas específicas, de tal forma que elas possam ser simuladas adequadamente em computadores.

Uma linguagem de programação é um conjunto de recursos que podem ser compostos para constituir programas específicos, mais um conjunto de regras de composição que garantem que todos os programas podem ser implementados em computadores com qualidade apropriada.

Para projetar uma linguagem de programação, alguns itens gerais precisam ser observados:

- *requisitos*: qual o universo de problemas que queremos resolver com a dada linguagem?

- *expressividade*: qual a forma mais natural de representar os elementos da linguagem que provêem os requisitos desejados?

- *paradigma*: qual a forma mais adequada para representar os problemas a serem resolvidos (álgebra, lógica, composições de funções, seqüências de operações, etc.), e qual o paradigma de programação mais apropriado para se resolver problemas dos domínios de aplicação desejados?

- *implementação*: os requisitos, juntamente com sua forma de representação, são passíveis de implementação?

- *eficiência*: os requisitos são implementados em um patamar aceitável de eficiência?

2.1 SINTAXE E SEMÂNTICA

Na sua essência, uma linguagem de programação deve atender aos requisitos esperados de forma eficiente. Para tanto, a linguagem deve ser representada de uma forma única, e seus elementos devem também ter significados únicos. Devemos, portanto, definir a linguagem de forma:

- *sintática*: como é escrito cada um dos elementos da linguagem; e
- *semântica*: o que significa cada um dos elementos da linguagem.

A sintaxe determina a forma de manipular programas em uma linguagem. Ela é construída visando facilitar essa manipulação, tendo em vista o uso previsto para a linguagem (caracterizado pelos itens de projeto apresentados na seção anterior: *requisitos*, *expressividade*, *paradigma*, *implementação* e *eficiência*).

A semântica determina a interpretação pretendida para cada elemento sintático da linguagem. Para as linguagens de programação, em geral a semântica é caracterizada sob três aspectos (cf. por exemplo [28] ou [49] para uma explicação bem mais técnica):

1. *semântica axiomática*: descrita tipicamente através de um conjunto de axiomas equacionais que relacionam diferentes expressões sintáticas na linguagem. Assim, da mesma forma como ocorre com um dicionário para termos em português, o significado de uma expressão é determinado através de "sinônimos" [19, 22];

2. *semântica operacional*: descrita pelas operações efetuadas pelas expressões e seus resultados. A semântica operacional caracteriza o significado de cada expressão em um programa pelo que aquela expressão faz. O significado de um programa é o comportamento deste quando executado em uma máquina [31]; e

3. *semântica denotacional*: descrita pelos conjuntos de dados associados a cada expressão. Considerando o programa como uma máquina de transformação de dados, o significado de cada expressão pode ser caracterizado em termos dos dados que ela transforma. O significado de um programa pode ser visto como uma função matemática que mapeia as entradas do programa para suas respectivas saídas [33].

2.2 COMPILADORES E INTERPRETADORES

Uma vez definidas a sintaxe e a semântica da linguagem, precisamos de uma forma eficiente para a implementação de cada um dos elementos da linguagem. Essa implementação é feita por *processadores*: compiladores e interpretadores, ou ainda um misto entre estas formas de processadores.

- *Compiladores*: os programas são transformados, por inteiro, em um conjunto correspondente de instruções que podem ser fisicamente efetuadas pelo computador. A execução do programa é feita diretamente através dessas instruções de computador; o programa inteiro constitui uma unidade a ser transferida "em um único lote" para o computador.

- *Interpretadores*: cada expressão do programa é executada diretamente, ou seja, transformada nas instruções correspondentes e acionada no computador sem ter-se necessariamente que transformar o programa inteiro em uma unidade de execução. As expressões do programa são executadas sob demanda.

A construção de processadores é um tema complexo que merece um livro específico para seu desenvolvimento. Ela exige o conhecimento profundo e completo da linguagem de programação considerada, dos pontos de vista sintático e semântico, bem como dos computadores nos quais os programas escritos naquela linguagem serão executados.

2.3 METODOLOGIA DE PROGRAMAÇÃO

Formas mais eficientes de desenvolvimento requerem novas formas de se resolver problemas. Do ponto de vista de linguagens de programação, essas novas soluções podem requerer desde novos elementos básicos nas linguagens até novos paradigmas de programação.

Temos hoje diferentes paradigmas de linguagens de programação amplamente utilizados que advêm de formas diferentes de solucionar problemas. Tais paradigmas estão relacionados não apenas com o domínios de aplicação desejados, mas também com os métodos para a solução de problemas. Linguagens de programação orientadas a objetos podem ser vistas como ferramentas para construir soluções de problemas orientadas *por* objetos, linguagens imperativas podem ser vistas como ferramentas para construir soluções de problemas orientadas *por* dados, e linguagens declarativas podem ser vistas como ferramentas para construir soluções de problemas orientadas *por* relações entre declarações. Nesse caso, os elementos a serem representados são respectivamente objetos, dados e relações. Cada linguagem deve prover mecanismos que permitam a representação e a manipulação naturais dos elementos básicos pelos quais se orientam os problemas tratados.

As próprias metodologias de desenvolvimento estão em constante evolução. Novos elementos são permanentemente incorporados às linguagens visando suprir as características emergentes dessas metodologias de desenvolvimento, e/ou novas formas de implementação de elementos das linguagens surgem junto com as mudanças nas metodologias. A verificação de tipos, por exemplo, que é realizada no momento da compilação nas linguagens tradicionais, é feita durante a execução em linguagens mais modernas, em decorrência do requisito existente nas metodologias mais atuais de flexibilidade na representação de dados, objetos e relações.

2.4 CARACTERÍSTICAS DESEJÁVEIS PARA UMA LINGUAGEM DE PROGRAMAÇÃO

Informalmente, as características desejáveis para uma linguagem de programação são [36]:

1. *legibilidade*: as linguagens devem possuir única e exclusivamente elementos de fácil entendimento e não ambíguos. Para preservar a característica de legibilidade, as linguagens devem combinar:

- *simplicidade e ortogonalidade*: a linguagem deve prover um número reduzido de elementos básicos, evitando multiplicidade de escrita e facilitando o entendimento dos programas descritos. A linguagem deve também conter um conjunto mínimo de primitivas que possam ser combinadas, de forma que componentes mais elaborados na linguagem sejam apenas combinações dos elementos básicos;

- *instruções de controle que não comprometam a clareza dos programas*: as instruções de controle devem ser reduzidas ao conjunto estritamente essencial para o controle de fluxo de execução dos programas. Instruções de desvio (*go to*) explícito, como as existentes em linguagens mais antigas, são hoje preservadas em algumas linguagens apenas com propósitos bem específicos, dado que seu uso indiscriminado prejudica a legibilidade dos programas. Cada instrução da linguagem deve ter um propósito explícito para que seja utilizada adequadamente;

- *facilidade para representação de tipos e estruturas de dados*: a linguagem deve prover facilidades para a representação de dados comumente necessários para a resolução de problemas. Tipos primitivos, tais como números inteiros e reais, bem como tipos compostos devem ter mecanismos de definição e manipulação intuitivos e de fácil assimilação;

- *sintaxe "limpa" e concisa*: cada instrução deve representar de forma única e intuitiva o seu significado;

2. *facilidade de escrita*: simplicidade e ortogonalidade são características desejáveis para a legibilidade que também facilitam a escrita de programas. Programas facilmente entendidos são, em geral, provenientes da facilidade de escrita provida pela linguagem. Além da simplicidade da linguagem, o suporte a abstrações deve ser provido na linguagem para facilitar a programação. Formas abstratas de representar transformações (por exemplo, de dados ou objetos) denotam modos facilitados de solucionar problemas, em que apenas os elementos essenciais são representados. Funções em linguagens imperativas, por exemplo, são formas abstratas de representar soluções, nas quais os parâmetros abstraem os dados reais a serem manipulados. Um bom projeto de linguagem deve, portanto, tratar da expressividade necessária para resolver problemas dos domínios requisitados de forma clara e natural;

3. *confiabilidade*: espera-se que soluções dadas aos problemas sejam confiáveis. Implementações correspondentes aos problemas especificados devem produzir os resultados esperados. É desejável, por exemplo, que os programadores não façam indesejavelmente operações com tipos conflitantes, de forma que resultados inexistentes sejam produzidos. Por isso, as linguagens atuais possuem, na sua maioria, mecanismos para a verificação de tipos. Apesar destes não serem de fácil implementação, o prejuízo causado por resultados equivocados possui um custo mais elevado que a verificação. Ainda neste sentido, a manipulação de exceções tem sido cada vez mais utilizada nas linguagens de programação atuais. Tais mecanismos permitem um tratamento uniforme de operações sem prejuízo à confiabilidade dos resultados; resultados são produzidos apenas para dados consistentes, e exceções são providas quando a consistência é violada;

4. *custo*: o custo associado a uma linguagem de programação vai desde o custo de desenvolvimento da mesma até sua amortização proveniente da aceitação no mercado e os custos relativos ao seu uso. Tem-se, dessa forma, o custo relativo ao treinamento de pessoas para o uso da linguagem, bem como o custo de escrita de programas na linguagem, e os custos de compilação e de execução dos programas. Portanto, linguagens legíveis, de fácil escrita e confiáveis tendem a ter um custo mais baixo de treinamento e são mais aceitas no mercado, desde que dêem suporte a características desejáveis aos domínios de aplicação requisitados pelo mercado.

2.5 TIPOLOGIA DAS LINGUAGENS DE PROGRAMAÇÃO

Na Figura 1 apresentamos uma tipologia das linguagens de programação, em função das metodologias correntes de construção de programas. Para cada tipo de linguagem, apresentamos alguns exemplos representativos de linguagens ainda em uso.

As *linguagens assertivas* baseiam-se em expressões que modificam valores de entidades — dados ou objetos. Elas são subdivididas em *linguagens imperativas*, ou orientadas a dados, em que a construção de programas é dirigida pelas transformações que ocorrem nos dados; e *linguagens orientadas a objetos*, em que a construção de programas é dirigida pelas mudanças de estados de entidades abstratas denominadas *objetos*. Um objeto, intuitivamente, é um conjunto de repositórios de dados mais um conjunto de operadores capazes de transformar os valores dos dados nesses repositórios.

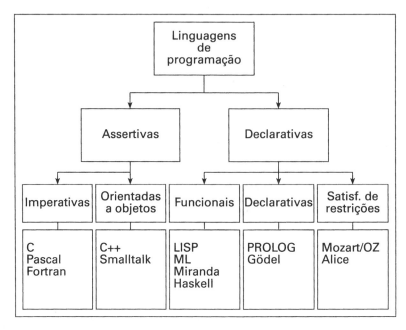

Figura 1 — Tipologia de linguagens de programação.

As *linguagens declarativas* baseiam-se em expressões que verificam ou induzem a que ocorram relações entre declarações. Elas são subdivididas em *linguagens funcionais*, em que essas relações são caracterizadas por mapeamentos entre estruturas simbólicas; *linguagens lógicas*, em que as relações são caracterizadas como expressões da lógica matemática; e *linguagens orientadas a satisfações de restrições*, em que as relações são caracterizadas como equações e inequações algébricas.

Cada uma dessas metodologias apresenta características que a torna mais adequada para certos tipos de problemas. Essas características determinam os recursos e propriedades sintáticas e semânticas desejáveis nas linguagens de programação correspondentes.

Para que esses recursos e propriedades sejam descritos, vários conceitos precisam ser introduzidos. Esses conceitos serão apresentados gradativamente nos próximos capítulos.

2.6 LEITURA RECOMENDADA

Dois livros interessantes para uma visão geral dos conceitos fundamentais de linguagens de programação são [5] e [44].

Alguns livros mais técnicos e que requerem uma maior maturidade matemática do leitor são [28] e [49].

Para mais explicações sobre cada forma de associar significado (semântica) a linguagens e programas, recomendamos [19, 22, 31, 33].

Um resumo sobre o histórico das linguagens de programação e a relação entre elas pode ser encontrado em [36]. Um estudo mais extenso sobre o assunto pode ser encontrado em [50] e [51].

Aos leitores também interessados em processadores de linguagens de programação, recomendamos as leituras introdutórias [2] e [45].

2.7 EXERCÍCIOS

1. Acrescente à tipologia da Figura 1 mais linguagens de programação que você conheça ou encontre na literatura. Você deveria ser capaz de encontrar pelo menos mais dez linguagens de cada tipo (excetuando talvez as linguagens orientadas a satisfações de restrições, que são mais recentes — mesmo para esse tipo de linguagens, você deveria ser capaz de encontrar pelo menos mais cinco linguagens além das apresentadas).

2. Alguns dos tipos apresentados na Figura 1 tiveram sua origem no final dos anos 50, como resultado do trabalho de diferentes pesquisadores. Outros são um pouco mais recentes, mas de maneira geral cada tipo de linguagem já conta com um histórico representativo. As linguagens de programação freqüentemente evoluem, umas a partir das outras, e sendo assim construa uma "árvore genealógica" das linguagens que você apresentou no exercício anterior, indicando também para cada linguagem o ano de criação e país (ou países, quando uma linguagem resultou de projetos de pesquisas multinacionais) de origem.

3
Valores e tipos

"Se una notte d'inverno un viaggiatore..."
Italo Calvino

Conforme visto no capítulo anterior, programas são máquinas abstratas para transformação de dados, e as linguagens de programação são o recurso de que dispomos para construir programas. Os dados têm, portanto, papel central em qualquer programa, uma vez que são eles que alimentam um programa e/ou resultam dele. De uma certa maneira, podemos afirmar que os dados são a razão de existência dos programas. E, por sua vez, os programas são a razão de existência das linguagens de programação.

Dadas essas considerações, parece natural que um estudo dos princípios de linguagens de programação reserve posição especial para um estudo aprofundado da natureza dos dados. Neste capítulo e no próximo, iniciaremos esse estudo, que depois se complementará com diversas discussões ao longo de todos os capítulos seguintes.

Os dados são caracterizados por três aspectos básicos: *valores*, *tipos* e *variáveis*.

- *Valores* são representações simbólicas de conceitos. Se, por exemplo, o conceito representado é a temperatura que marca um termômetro, o número indicado pela coluna de mercúrio será um valor numérico.

- Os valores relevantes para a resolução de um problema são classificados segundo algum critério, e uma classe de valores recebe o nome de um *tipo*. Por exemplo, se todos os valores relevantes para resolver um problema são numéricos, os valores podem ser classificados segundo o seu tipo como naturais, inteiros e reais.

- Finalmente, como um programa geralmente é composto por mais de uma expressão, os valores dos dados precisam ser registrados — temporária ou perenemente — para passar de uma expressão para outra. Fazendo uma analogia entre nossas máquinas abstratas (os programas) e uma linha de produção industrial, cada unidade de trabalho na linha de produção é semelhante a uma expressão de um programa. Assim como o material semi-acabado precisa ser transportado de alguma maneira de uma unidade de trabalho para outra, os valores precisam ser repassados de uma expressão para outra dentro do programa. Os registros desses valores servem como repositório para passagem de valores, e eles são efetuados em *variáveis*.

No presente capítulo apresentaremos os conceitos essenciais relativos a tipos e valores. Mesmo antes de estudarmos como podemos armazenar e manipular valores para obtermos soluções para os nossos problemas, precisamos discutir a natureza dos dados que queremos tratar. Para isso, descrevemos os principais conceitos relacionados a valores e tipos. No capítulo *variáveis* apresentaremos os conceitos necessários para construir variáveis.

3.1 POR QUE ESTUDAR TIPOS DE DADOS?

Valores são elementos que devem ser representados de alguma forma na linguagem de programação, para serem manipulados durante a execução de um programa. Do ponto de vista da execução de um programa, os valores são elementos que podem ser avaliados, armazenados, atualizados e transmitidos durante a execução.

Os programas existem basicamente para manipular valores. É interessante podermos tratar valores semanticamente relacionados de maneira uniforme, de forma que valores "semelhantes" sejam tratados da mesma forma. Tipos são conjuntos de valores semanticamente relacionados. Quando uma operação em uma linguagem de programação é definida para um tipo como um todo, ela se aplica indistintamente a qualquer valor que pertença àquele tipo. Isso é muito mais eficiente do que definir operações para cada possível valor individualmente.

Exemplo 3.1 — Se considerarmos apenas valores, devemos definir operações sobre valores individuais: a soma dos valores 4 e 5, denotada por 4 + 5, deveria ser definida como valor 9 (valor matemático correspondente). Da mesma forma, a soma de 4 e 6 deveria ser definida como valor 10, e assim por diante. Se os valores são individuais, o seu tratamento também será individualizado. □

Contudo, é desejável que a soma dos valores inteiros 4 e 5 seja calculada de forma semelhante à soma de quaisquer outros números inteiros nas linguagens de programação. Para isso, é necessário que elementos de natureza semelhante estejam agrupados em tipos de dados, e que definamos regras unificadas para as operações sobre tipos. Desta forma, grupos de valores são tratados, em vez de valores particulares. Esta é a razão pela qual tipos são definidos na maioria das linguagens de programação (no decorrer do livro abreviamos tipos de dados para tipos).

Os tipos devem representar os conjuntos de valores elementares que se deseja tratar nas linguagens de programação. Estes são representados por valores juntamente com as operações para tratamento dos mesmos. Note que para tipos numéricos queremos, por exemplo, um tratamento aritmético, bem como realizar comparações entre valores. Isso significa que os tipos não são uma junção inadvertida de valores, mas de elementos que têm a mesma natureza e uma relação de ordem entre eles (o valor inteiro 1, por exemplo, é menor que o valor inteiro 2, e gostaríamos de ter tal idéia refletida nas linguagens).

Quando pensamos em soluções computacionais para problemas, precisamos, inicialmente, modelar o "mundo real" em elementos que possam ter seus valores representados. Desta forma, nos reportamos a valores conhecidos que designamos como representações para valores do problema do "mundo real". Grande parte dos problemas científicos, por exemplo, requerem representação de valores numéricos, os quais são na sua grande maioria números inteiros ou reais. O estudo sobre números inteiros e reais, que envolve sua representação e propriedades inerentes, antecedem o advento das linguagens de programação; eles já foram matematicamente estudados. De fato, os valores que usamos para modelar soluções de problemas científicos são inspirados nos valores matemáticos que conhecemos, e não na representação computacional dos mesmos.

Como nos reportamos a valores conhecidos para representar valores do problemas que queremos solucionar, podemos dizer que as linguagens de programação se inspiraram em valores e estruturas matemáticas conhecidas para determinar quais tipos de dados deveriam ser representados nas mesmas. No decorrer deste capítulo enunciamos os domínios e estruturas matemáticas que inspiraram a implementação dos principais tipos de dados nas linguagens de programação. A elucidação dos conceitos de tipos de dados matemáticos tem como objetivo principal mostrar a amplitude da representação de valores quando da definição de tipos nas linguagens de programação. Se conhecemos matematicamente quem são os tipos de dados que gostaríamos de representar, podemos identificar e avaliar a facilidade e expressividade de dados providas por quaisquer das linguagens de programação, independentemente de como aparecem em cada linguagem em particular.

Para efeito de estudo dos conceitos, os tipos são divididos em dois grandes grupos: os tipos *primitivos* e os tipos *compostos*, conforme detalharemos a seguir. Além destes, podemos definir tipos em termos deles próprios, os *tipos recursivos*. Na maioria dos exemplos mostrados neste capítulo, aparecem algumas variáveis, para as quais veremos os conceitos fundamentais apenas no próximo capítulo. Apesar de anteciparmos a idéia de variáveis, a maioria dos leitores já tem tal idéia intuitiva proveniente da programação. O objetivo principal dos exemplos é facilitar o entendimento de tipos sob o ponto de vista prático das linguagens de programação.

3.2 TIPOS PRIMITIVOS

Intuitivamente, os tipos primitivos são aqueles cujos valores são "atômicos", ou seja, não podem ser desmembrados em valores mais simples. Mais tecnicamente, isso significa que a implementação de um tipo primitivo em um computador é feita necessariamente "fora" da linguagem de programação. Em outras palavras, como um tipo primitivo é um elemento "atômico" na linguagem de programação, não há como descrever sua constituição utilizando os elementos da própria linguagem.

A implementação dos tipos de dados primitivos numéricos varia entre linguagens e depende do ambiente computacional no qual a linguagem está sendo implementada. Tipicamente, um tipo inteiro é implementado como um conjunto de bits de tamanho fixo. Efetivamente, portanto, os números inteiros que "cabem" no tipo inteiro de uma linguagem de programação em geral pertencem a um intervalo inteiro simétrico em torno do zero.

Por exemplo, na linguagem C [52, 53, 54], o tipo `int` permite a representação de números inteiros dentro do intervalo [–32.768, 32.767]. Esse intervalo contém precisamente 65.536 valores, ou seja, 2^{16} valores, que são precisamente a quantidade de seqüências distintas que conseguimos construir com 16 bits. Isso tudo porque os projetistas da linguagem C decidiram que cada valor do tipo `int` ocuparia 16 bits na memória de um computador.

A implementação dos números reais segue um raciocínio similar, porém, reservando alguns bits para representar um expoente de notação científica e os bits restantes para representar a "mantissa" do valor. Dessa forma, o conceito matemático de um valor real, quando implementado em um computador através das linguagens de programação, é aproximado pelo valor representável mais próximo.

Por exemplo, na linguagem C, o tipo `float` reserva 32 bits para cada valor. Os valores que pertencem a esse tipo variam de $1,17549435 \times 10^{38}$ a $3,40282347 \times 10^{38}$, com intervalos cada vez maiores entre os números à medida que o expoente se torna maior. Para não confundir essa representação aproximada com os números reais da matemática, é comum nos referirmos a esse tipo de dados como *números de ponto flutuante*.

Cada valor precisa de uma representação tanto nas linguagens de programação quanto no hardware. Os conjuntos de números inteiros e dos números reais dos domínios matemáticos são infinitos, e, portanto, não podem ter todos os seus valores representados em um hardware (o qual possui recursos finitos). Desta forma, os tipos matemáticos inteiro e real são parcialmente representados pelas linguagens de programação.

A escolha dos tipos primitivos para uma linguagem de programação está intimamente relacionada com os propósitos para os quais a linguagem foi criada (domínios de aplicação vislumbrados). Fortran [55, 56], por exemplo, é uma linguagem de programação que foi criada primordialmente para resolver problemas científicos. Os tipos primitivos nas primeiras implementações dessa linguagem estavam relacionados com problemas numéricos. O foco era em números reais, variações de precisão, números inteiros e números complexos. Em contrapartida, linguagens criadas para processamento de dados comerciais, tal como Cobol [57], possuem cadeias de caracteres como tipo primitivo. Algumas linguagens mais especializadas, como APL e MATLAB — voltadas para a resolução de problemas matemáticos relacionados com a álgebra de matrizes — têm *matrizes* como um tipo de dados primitivo.

3.2.1 Numéricos

Alguns tipos numéricos, primordiais para o tratamento de valores tanto em linguagens dedicadas à solução de problemas numéricos quanto ao processamento de dados comerciais, aparecem na maioria das linguagens atuais. Os tipos inteiro e real, por exemplo, aparecem com nomenclatura diferente nas várias linguagens de programação atuais.

Como cada um dos valores de um dado tipo precisa de uma representação no hardware, os números reais não podem ser representados por completo, são, portanto, representados respeitando um grau de precisão imposto pelo hardware. Por isso, é comum, nas linguagens de programação, referir-se a números de ponto-flutuante para a representação de números reais de forma que não haja confusão entre o tipo matemático real e o tipo de dados real representado nos computadores.

Exemplo 3.2 — A linguagem Pascal [58], por exemplo, embute uma representação de números inteiros e de ponto-flutuante que são denotados por Integer e Real respectivamente. Por exemplo,

```
var i: Integer;
    r: Real;
```

i é uma variável que pode armazenar um valor numérico do tipo inteiro, enquanto r pode armazenar um valor numérico do tipo ponto-flutuante. □

Exemplo 3.3 — Na linguagem C, estes mesmos tipos são descritos pelas palavras reservadas int e float (em C existem alternativas para representar números inteiros e números de ponto flutuante, utilizando quantidades diferentes de bits. Essas alternativas serão subconjuntos ou superconjuntos dos tipos apresentados no exemplo, dependendo se elas utilizam respectivamente uma quantidade menor ou maior de bits para cada valor representado):

```
int i;
float r;
```
□

Apesar de representados por nomenclatura própria para cada uma das linguagens, estes elementos denotam os mesmos tipos de dados: inteiro e ponto-flutuante.

3.2.2 Não-Numéricos

Nem todos os problemas a serem resolvidos computacionalmente possuem natureza exclusivamente numérica, e por isso tipos que representem valores não numéricos devem também ser providos pelas linguagens. Os valores mais comuns são os valores booleanos (0 e 1), agrupados no **tipo booleano**, e os caracteres que representam símbolos padrão, agrupados no **tipo caracteres**.

Na linguagem Pascal, por exemplo, o tipo booleano é denotado por `Boolean`, enquanto o tipo caractere é denotado por `Character`.

Exemplo 3.4 — Uma variável b booleana e uma c caractere são representadas por:

```
var b: Boolean;
    c: Character;
```
□

Na linguagem C, os valores booleanos não são tipos predefinidos da linguagem, mas o tipo caractere é denotado por `char`

Exemplo 3.5 — Uma variável caractere c é representada em C por:

```
char c;
```
□

Outro tipo que armazena um valor atômico são os apontadores, usados especialmente para indicar o valor de memória correspondente a uma dada variável. Quando o apontador não está servindo para referenciar qualquer variável este é assinalado com o valor indefinido `nil`, por exemplo. O conjunto de valores deste tipo corresponde ao valor `nil` juntamente a uma faixa de valores que consiste em endereços de memória.

Os apontadores foram projetados vislumbrando dois usos distintos: para se ter acesso a endereçamento direto; e para fornecer um método de gerenciamento de armazenamento dinâmico (o espaço de memória é reservado apenas quando vai ser usado efetivamente).

Exemplo 3.6 — Na linguagem Pascal, um apontador para um valor inteiro pode ser definido por:

```
var intP : ^ Integer;
```
□

Exemplo 3.7 — De forma análoga, na linguagem C, um apontador para um valor inteiro pode ser definido por:

```
int *intC;
```
□

Como o tipo apontador tem como um dos propósitos alocação dinâmica de memória, mecanismos tanto para alocar quanto desalocar espaços de memória são providos para o tipo apontador em ambas as linguagens.

3.2.3 Enumerados

Além dos tipos definidos e estudados matematicamente, alguns problemas requerem a construção de novos valores. Com este objetivo, algumas linguagens de programação fornecem mecanismos para construção de novos conjuntos de valores definidos pelos seus usuários, através da enumeração.

Em algumas linguagens de programação, tais como Pascal e C, conjuntos de dados primitivos podem também ser criados pela enumeração de seus elementos.

Exemplo 3.8: — Em Pascal, por exemplo, podemos criar um tipo (conjunto de valores) para representar os meses do ano:

```
type MesesP = (jan, fev, mar, abr, mai, jun,
               jul, ago, set, out, nov, dez);
```
□

Exemplo 3.9 — De forma análoga, podemos ter em C este novo tipo definido por:

```
enum MesesC {jan, fev, mar, abr, mai, jun,
             jul, ago, set, out, nov, dez};
```
□

Nos dois casos, os elementos que aparecem na enumeração são tratados como valores. Assim, uma vez definidos, eles podem ser usados dentro dos programas da mesma forma que quaisquer outros valores predefinidos. Além disso, eles mantêm a relação de ordem na qual foram definidos, o que permite comparação entre valores. É possível, por exemplo, atribuir o valor jan a uma variável definida com o tipo MesesC, ou ainda fazer comparações entre os valores enumerados (jan < mar) — exemplos de uso de variáveis com tipos enumerados serão vistos no Capítulo 4. Para que se mantenha uma relação de ordem entre os valores da enumeração, a maioria implementa esses tipos associando valores inteiros a cada um dos valores enumerados. Na linguagem C, por exemplo, o primeiro valor da enumeração é 0, o segundo 1, etc. No caso do exemplo acima, o valor jan é associado ao inteiro 0, o valor fev é associado ao 1 e assim por diante. Como conseqüência disso, operações aritméticas também podem ser realizadas, mas esta é uma particularidade da linguagem não discutida neste capítulo.

Assim como os tipos enumerados acima, "novos" tipos podem ser criados a partir de tipos existentes. Subconjuntos de valores de alguns tipos de dados primitivos podem também ser utilizados para criar novos tipos em algumas linguagens. Pascal, por exemplo, permite a criação de novos tipos definidos a partir de inteiros:

Exemplo 3.10 — O subintervalo de valores inteiros de 1 a 31, inclusive, pode ser definido como um novo tipo:

```
type DiasP = 1..31;
```

e as operações aritméticas e relacionais definidas para inteiros estão também definidas para estes elementos, desde que os valores resultado estejam dentro do tipo definido. □

Os tipos criados como subintervalos de tipos existentes não são na realidade um novo tipo, mas apenas uma restrição do existente. Como tal, as operações definidas para o tipo estão automaticamente definidas para estes tipos restritos. Apesar de não serem novos tipos de fato, é conveniente termos estes subintervalos em vários problemas práticos. Nas linguagens

Pascal e Modula-2 [59] podemos criar subintervalos de quaisquer tipos primitivos predefinidos, e a verificação das restrições podem ser realizadas em tempo de compilação, quando valores são atribuídos a variáveis, ou pelo menos em tempo de execução.

3.3 TIPOS COMPOSTOS

Como visto na Seção 3.2, a maioria das linguagens de programação oferecem tipos de dados conhecidos na matemática, tais como os números inteiros e reais, e ainda valores não numéricos. A característica que todos os tipos vistos têm em comum é o fato de que cada elemento representa um valor "atômico", e assim não podemos ter acesso a "partes" do valor. Contudo, grande parte dos problemas computacionais hoje requerem manipulação de dados que são constituídos de valores mais simples. Por exemplo, uma data qualquer do ano de 2002 deve conter pelo menos o dia e o mês, e em vários problemas práticos queremos ter acesso ao dia e ao mês separadamente.

De forma análoga aos tipos primitivos, as linguagens de programação provêem mecanismos para a criação de conjuntos de dados em que cada um dos seus elementos pode ser desmembrado em valores mais simples. Estes são os chamados **tipos de dados compostos**. Note que as linguagens visam prover diferentes formas de agruparmos valores que possam representar os dados que precisamos para as soluções dos "problemas reais". A escolha das possíveis formas de agrupar valores providas pelas linguagens de programação é também inspirada em estruturas matemáticas conhecidas (operações sobre conjuntos). Nas seções que seguem enunciamos os elementos matemáticos (produto cartesiano, união disjunta, mapeamentos e conjuntos potência) que inspiraram os agrupamentos de valores nas linguagens de programação, juntamente com exemplos ilustrativos nas linguagens C e Pascal.

3.3.1 Produto Cartesiano

Matematicamente, o produto cartesiano de dois conjuntos corresponde a todos os pares formados por valores destes conjuntos, de forma que o primeiro elemento do par pertence ao primeiro conjunto e o segundo elemento do par pertence ao segundo conjunto.

Exemplo 3.11 — O produto cartesiano dos conjuntos A e B definidos na Figura 2 tem como resultado o conjunto $A \times B$. O conjunto A contém os meses do primeiro trimestre do ano, enquanto o conjunto B contém os três primeiros dias do mês.

O produto cartesiano destes dois conjuntos representa todas as possíveis datas que podem ser formadas com os três primeiros dias dos meses do primeiro trimestre (denotadas pelo par (mês,dia)). □

Matematicamente, a definição do produto cartesiano é enunciada por:

Definição 3.1 — *O produto cartesiano do conjunto S pelo conjunto T é definido por:*

$$C = S \times T = \{(x, y) \mid x \in S, y \in T\}$$

O número de elementos (cardinalidade) do conjunto C da Definição 3.1, denotado por $\#C$, corresponde à multiplicação da cardinalidade de S pela de T:

$$\#C = \#S * \#T$$

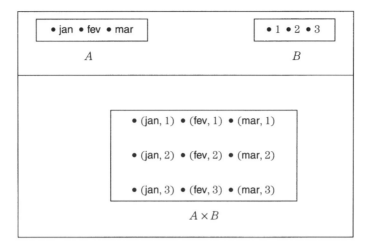

Figura 2 — Produto cartesiano

Note que se qualquer um dos conjuntos for infinito, o produto cartesiano resultante é também um conjunto infinito.

Como os conjuntos A e B do Exemplo 3.11 são finitos, cada um deles tem 3 elementos, podemos verificar que a cardinalidade de $A \times B$ é calculada por:

$$\#(A \times B) = \#A * \#B = 3 * 3 = 9$$

Como precisamos agrupar valores dessa forma para a solução de vários problemas, a maioria das linguagens de programação atuais provêem elementos predefinidos para a representação de produtos cartesianos.

Suponha que queiramos estender o Exemplo 3.11 para representar todas as datas do ano representadas pelo par (mês,dia). Assim, podemos obter tal representação pelo produto cartesiano de um conjunto contendo todos os meses do ano (de *jan* a *dez*), pelo conjunto contendo todos os possíveis dias de um mês (de 1 a 31). O conjunto resultado do produto cartesiano destes dois conjuntos é como segue:

$$\begin{bmatrix} (jan, 1), (jan, 2), \cdots, (jan, 31), \\ (fev, 1), (fev, 2), \cdots, (fev, 31), \\ \vdots \\ (dez, 1), (dez, 2), \ldots, (dez, 31). \end{bmatrix}$$

Na linguagem Pascal, os `records` denotam o produto cartesiano de conjuntos, e o conjunto de valores acima pode ser definido por um novo tipo como segue.

Exemplo 3.12 — As datas do ano, denotadas pelo par (mês,dia), podem ser representadas em Pascal pelo produto cartesiano (`record`) de mês (`MesesP`, Exemplo 3.8), pelo dia (`DiasP`, Exemplo 3.10):

```
type DataP = record
        m: MesesP
        d: DiasP
        end;
```
□

As estruturas criadas em C (`struct`) formam também produtos cartesianos de seus subelementos.

Exemplo 3.13 — As datas representadas por dia e mês podem ser definidas em C pelo tipo:

```
enum DiasC {1,2,3,4,5,6,7,8,9,10,
        11,12,13,14,15,16,17,18,19,20,
        21,22,23,24,25,26,27,28,29,30,31};
struct DataC {
        MesesC m
        DiasC d
        };
```

onde `MesesC` são os meses do ano definido no Exemplo 3.9. Os valores representados por este novo tipo são os mesmos do exemplo correspondente em Pascal (Exemplo 3.12) e do conjunto definido acima. □

3.3.2 União Disjunta

Uma das operações sobre conjuntos mais usada é a união de conjuntos. A união de dois conjuntos tem como resultado um terceiro conjunto que contém todos os elementos de ambos os conjuntos. Um caso especial da união de conjuntos é a chamada **união disjunta**. Nesta, o conjunto resultante possui todos os elementos dos dois conjuntos originais, e além disso podemos distingüir o conjunto origem de cada elemento; se do primeiro ou do segundo conjunto.

Exemplo 3.14 — Usando os mesmos conjuntos A (meses do primeiro trimestre) e B (três primeiros dias do mês) do Exemplo 3.11, podemos agora definir um novo conjunto resultante da união disjunta dos conjuntos A e B. Usamos o termo *prim* para discriminar que o elemento é proveniente do primeiro conjunto (*A*, neste exemplo), e o termo *seg* para discriminar que o elemento é proveniente do segundo conjunto (*B*, neste exemplo). A união disjunta destes conjuntos tem como resultado o conjunto *A* + *B*.

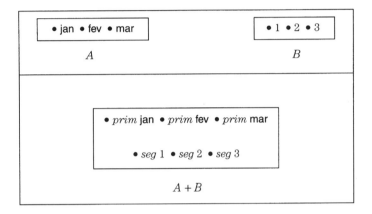

Figura 3 — União disjunta

Sob o ponto de vista prático, o conjunto resultado (*A* + *B*) denota um tipo que tanto pode assumir um valor que representa um mês do primeiro trimestre (para os valores que são discriminados por *prim*), quanto assumir um valor que representa um dos três primeiros dias do mês (para os valores que são discriminados por *seg*). □

Matematicamente, a união disjunta é definida por:

Definição 3.2 — *A união disjunta dos conjuntos S e T, denotada por S + T, é definida por:*

$$C = S + T = \{prim\ x \mid x \in S\} \cup \{seg\ y \mid y \in T\}$$

Note que o conjunto resultado da união disjunta possui todos os elementos dos conjuntos origem com as suas respectivas identificações da origem: *prim* identifica que o elemento é proveniente do primeiro conjunto, e *seg* do segundo conjunto. É importante salientar que as palavras escolhidas para discriminar o conjunto origem dos elementos é arbitrária; aqui usamos *prim* para denotar *primeiro* e *seg* para denotar *segundo*. No Exemplo 3.14, poderíamos usar termos mais significativos para os valores dos conjuntos: *mês* para os elementos do conjunto *A* e *dia* para os elementos do conjunto *B*, por exemplo.

Dado que o conjunto resultado possui todos os elementos dos dois conjuntos de forma discriminada, o número de elementos (cardinalidade) do conjunto *C*, denotado por #*C*, corresponde à soma da cardinalidade de *S* com a de *T*.

$$\#C = \#S + \#T$$

Note que tanto os elementos quanto o número de elementos do conjunto resultado da união disjunta diferem dos correspondentes da união de conjuntos. Na união de conjuntos, quando os dois conjuntos possuem elementos iguais apenas um elemento é considerado no conjunto resultado. Na união disjunta contudo, os dois elementos são considerados porque um discriminador é usado, e isso faz com que os elementos sejam diferentes. Se for realizada a união disjunta de dois conjuntos que possuem o número 1, por exemplo, o conjunto resultado possuirá os elementos *prim* 1 e *seg* 1, os quais são elementos distintos. Em conseqüência disso, a cardinalidade do conjunto resultado será exatamente a soma das cardinalidades dos conjuntos originais, diferindo assim da cardinalidade da união de dois conjuntos.

Para o Exemplo 3.14, podemos calcular:

$$\#(A + B) = \#A + \#B = 3 + 3 = 6$$

Na linguagem Pascal, as uniões disjuntas são providas por registros juntamente com uma variável que discrimina o tipo. Chamamos estas de **união discriminada**, para as quais uma variável é responsável por discriminar o tipo.

Exemplo 3.15 — É comum, em aplicações científicas, precisarmos de números que podem assumir valores inteiros (exatos), ou valores de ponto-flutuante (aproximado). Dessa forma, gostaríamos de ter um novo tipo que congregasse os valores inteiros, discriminados por *exato*, e valores de ponto-flutuante, discriminado por *aprox*:

$$\{..., exato\ -1, exato\ 0, exato\ 1, ...\} \cup$$
$$\{..., aprox\ -1.0. ..., aprox\ 0., ..., aprox\ 1.0, ...\}$$

O tipo `NumeroP` abaixo pode ser um valor inteiro ou de ponto-flutuante e representa o conjunto de valores definido acima.

```
type Precisao = {exato, aprox};
    NumeroP = record
        case prec : Precisao of
            exato : (ival : Integer);
            aprox : (rval : Real)
        end;
```

A união disjunta discriminada é representada pelo `record` juntamente com o `case`, o qual possui a variável `prec` que terá um dos valores do tipo `Precisao` (`exato` ou `aprox`). Dessa forma, o acesso às variáveis `ival` e `rval`, definidas no `record`, deve ser feito mediante a verificação do valor atual de `prec`. Esta variável discrimina se o valor a ser usado é um número inteiro (quando `prec` possui o valor `exato` só a variável `ival` deve ser usada) ou de ponto-flutuante (quando `prec` possui o valor `aprox`, só `rval` deve ser usada). □

Apesar de ser representado por um `record`, o tipo acima não constitui um produto cartesiano, mas uma união disjunta por causa do `case` junto com a variável `prec`. Para esse novo tipo definido, apenas um dos elementos do `record` pode ser usado por vez porque um espaço de memória é compartilhado por ambas as variáveis (ver Capítulo 4). Assim, quando `prec` possui o valor `exato`, o espaço de memória do `record` é utilizado para armazenar um valor inteiro (da variável `ival`). Em contrapartida, o mesmo espaço será utilizado para armazenar um valor do tipo ponto-flutuante quando `prec` possui o valor `aprox`.

A linguagem C também oferece uma construção própria para o tipo união disjunta, mas esta é uma **união livre**, sem elemento discriminador de tipo.

Exemplo 3.16 — O tipo `NumeroC`, com propósitos análogos ao `NumeroP` acima, pode ser definido em C como:

```
union NumeroC {
        int ival;
        float rval;
        };
```

Diferentemente das `struct` que definem produtos cartesianos de seus subelementos, na `union` apenas um dos elementos é acessível por vez. Um espaço de memória é reservado para armazenar `ival` e `rval`, e assim apenas um deles pode ser usado, o último que teve um valor atribuído. □

Vale salientar que a união disjunta pode tanto ter um elemento que discrimine o subelemento a ser usado, como em Pascal, quanto não possuir o elemento discriminador. Mesmo sem elemento discriminador a `union` em C representa uma união disjunta por caracterizar um novo conjunto contendo os dois tipos, e apenas um deles pode ser utilizado por vez. Outro ponto a ser ressaltado é que se faça a correta distinção, nas linguagens, entre a união disjunta e o produto cartesiano como mostrado nos exemplos acima.

3.3.3 Mapeamentos

O mapeamento de dois conjuntos resulta em um terceiro conjunto de pares de elementos, onde o primeiro elemento é originário do primeiro conjunto e o segundo é originário do segundo conjunto. Além disso, cada elemento do primeiro conjunto está associado, no máximo, a um elemento do segundo conjunto.

Exemplo 3.17 — Usando os mesmos conjuntos A e B dos exemplos anteriores, podemos criar diferentes mapeamentos. Poderíamos ter, por exemplo, os conjuntos C e D a seguir:

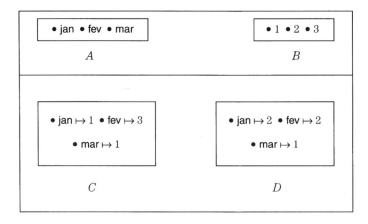

Figura 4 — Mapeamento

intuitivamente, os conjuntos C e D representam possíveis valores quando queremos representar um dos três primeiros dias do mês para cada um dos meses do primeiro trimestre. Note que vários outros mapeamentos podem ser formados a partir dos conjuntos A e B. □

Matematicamente, os mapeamentos são definidos por:

Definição 3.3 — *O mapeamento do conjuntos S para o conjunto T, denotado por $S \rightarrow T$, é definido por:*

$$m: S \rightarrow T = \{m \mid x \in S \Rightarrow m(x) \in T\}$$

Nos mapeamentos (ou funções), o primeiro conjunto (S) é denominado de **domínio** (ou **índices** no jargão das linguagens de programação), enquanto o segundo conjunto (T) é dito **contra-domínio** ou **imagem**. Na definição acima, m representa todos os possíveis mapeamentos que podem ser formados com o conjunto S como domínio e T como contra-domínio. Ainda considerando os conjuntos S e T quaisquer, como na Definição 3.3, o número de elementos (cardinalidade) do conjunto $S \rightarrow T$ é definido por:

$$\#(S \rightarrow T) = (\#T)^{\#S}$$

Para o Exemplo 3.17, podemos formar ao todo a seguinte quantidade de mapeamentos:

$$\#(A \rightarrow B) = (\#A)^{\#B} = 3^3 = 27$$

Mapeamentos de valores aparecem na maioria das linguagens de programação como *Arrays*. Como estas são construções predefinidas nas linguagens de programação, podemos tanto construir novos tipos utilizando estas estruturas, quanto definir variáveis.

Algumas linguagens permitem o mapeamento de elementos contanto que o domínio seja de valores inteiros ou ainda números naturais. Outras permitem que os conjuntos de valores índice sejam definidos pelo programador. Aqui seguem alguns exemplos de mapeamentos permitidos nas linguagens Pascal e C. Detalhes sobre os possíveis conjuntos domínio (índices) dos mapeamentos serão vistos no Capítulo 4.

Exemplo 3.18 — Em Pascal, um novo tipo pode ser criado como um mapeamento de inteiros no intervalo [0 .. 15] para números inteiros representáveis na linguagem:

```
var mapintP: array [0..15] of Integer;
```
□

Exemplo 3.19 — De forma análoga, um tipo mapeamento de inteiros no intervalo [0 .. 15] para inteiros pode ser criado na linguagem C:

```
int mapintC[16];
```
□

As variáveis `mapintP` e `mapintC` dos exemplos acima podem assumir quaisquer dos mapeamentos de elementos: {0, ..., 15} → {..., −1, 0, 1,...}. Em Pascal, o conjunto de índices é explicitamente definido, enquanto que em C apenas o número de elementos do mapeamento é definido, pois o índice é assumido do tipo inteiro de 0 a n (de forma a completar o número de elementos necessários).

O fato dos índices serem explicitamente declarados em Pascal, faz com que possamos ter índices que não sejam necessariamente números inteiros, como mostra o exemplo abaixo.

Exemplo 3.20: Suponha que queiramos registrar a menor temperatura de cada mês do ano. Gostaríamos, por exemplo, de consultar a menor temperatura anotada para cada mês. Usando o tipo `MesesP` previamente definido (Exemplo 3.8), podemos criar:

```
...
  var menortemp: array[MesesP] of Real;
...
  if (menortemp[jan] < menortemp[fev]) ...
```

o índice utilizado é a representação dada por nós para os meses do ano. □

As funções existentes na grande maioria das linguagens de programação são também mapeamentos entre o domínio e o contra-domínio. Neste caso, os mapeamentos não são explicitamente construídos, como é o caso dos *arrays*, mas um algoritmo descreve a relação entre os elementos do domínio (os argumentos) e a imagem (o resultado correspondente computado pela função). Vale ressaltar que as funções definidas nas linguagens de programação não são exatamente uma função matemática, mas uma representação para estas. Tais representações envolvem um algoritmo com suas características particulares, inclusive eficiência e abrangência, em vez de puros mapeamentos de valores, como no significado matemático.

3.3.4 Conjuntos Potência

Alguns problemas computacionais precisam de uma representação de conjuntos em vez de um único elemento do conjunto. Poderíamos, por exemplo, definir um conjunto de cores primárias para depois obtermos as várias cores a partir da mistura destas cores primárias. Para isso, não queremos que o nosso elemento seja exclusivamente uma das cores primárias, mas um conjunto das mesmas. Matematicamente, o conjunto formado por todos os possíveis subconjuntos de um dado conjunto é chamado de conjunto potência.

Exemplo 3.21 — Considerando ainda o conjunto A dos exemplos anteriores, podemos construir o conjunto potência, denotado por $\mathcal{P}(A)$:

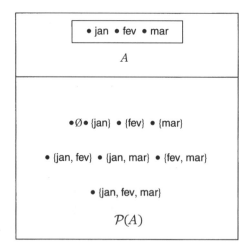

Figura 5 — Conjuntos potência

Intuitivamente, o conjunto $\mathcal{P}(A)$ representa todos os possíveis conjuntos que podemos formar com os meses do primeiro trimestre do ano. Este poderia ser usado, por exemplo, em um problema para o qual gostaríamos de responder "em quais meses do primeiro trimestre de 2002 tivemos temperaturas acima de 33°C?". A resposta para esta pergunta poderia ser quaisquer dos valores representados em $\mathcal{P}(A)$. □

Matematicamente, o conjunto potência é definido por:

Definição 3.4 — *O conjunto potência de um dado conjunto S, denotado por $\mathcal{P}(S)$, é definido como segue*:

$$\mathcal{P}(S) = \{ s \mid s \subseteq S \}$$

Ou seja, todos os subconjuntos que podem ser formados com os elementos de S. O número de elementos (cardinalidade) do conjunto $\mathcal{P}(S)$ é dado por:

$$\#(\mathcal{P}(S)) = 2^{\#S}$$

Para o exemplo acima, como A possui 3 elementos, podemos formar 8 possíveis subconjuntos (como mostra a Figura 5), o resultado de

$$\#(\mathcal{P}(A)) = 2^{\#A} = 2^3 = 8$$

Apenas algumas linguagens de programação dão suporte à representação de conjuntos potência.

Exemplo 3.22 — Suponha que queiramos construir conjuntos de cores que podemos formar a partir das cores primárias, como enunciado anteriormente. Deveríamos, portanto, definir as cores primárias inicialmente e então construir novas cores a partir destas primárias. A linguagem Pascal possui um construtor de conjuntos que nos permite, por exemplo, construir conjuntos de cores primárias, as quais são definidas por uma enumeração (Cores):

```
type Cores = (vermelho, azul, amarelo);
     NovasCores = set of Cores;
```

O conjunto de elementos do tipo NovasCores é constituído de:

{{}, {vermelho}, {azul}, {amarelo},
{vermelho,azul}, {vermelho,amarelo}, {azul,amarelo},
{vermelho,azul,amarelo}}

e qualquer variável deste tipo ou representa uma cor primária (quando o conjunto possui um único elemento) ou uma mistura de cores primárias. □

A linguagem C não possui construtores de conjuntos. Das linguagens imperativas atuais, Pascal e Modula-3 estão dentre as poucas que possuem manipulação de conjuntos (construtores juntamente com os respectivos operadores).

3.4 TIPOS RECURSIVOS

Em vários dos problemas que desejamos resolver computacionalmente nos deparamos com listas de elementos que não sabemos exatamente quantos elementos deveriam ter. Uma das alternativas que teríamos para representar dados com esta característica seria por mapeamentos (visto na Seção 3.3.3), pois estes preservam uma ordem dos elementos guardados. Contudo, para esta representação devemos determinar o número de elementos que desejamos guardar *a priori*. Outra forma de representação de listas é pelas células que contêm dois elementos: um valor e um segundo elemento que é um apontador para uma lista de elementos do mesmo tipo do valor.

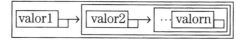

No caso acima, a primeira célula da lista contém o valor1 e o segundo elemento é uma lista, a qual contém como primeira célula um elemento com o valor2, e assim por diante. Como cada um dos elementos contém uma lista como segundo elemento, dizemos que este tipo é recursivo, pois contém um elemento do seu próprio tipo. De uma forma geral, os tipos recursivos são compostos de valores que possuem o próprio tipo como valor; eles são definidos em termos deles próprios:

$$T = \ldots T \ldots \qquad (3.1)$$

De fato, uma lista deve ser vista como um tipo recursivo e não como um mapeamento. Um tipo lista de inteiros, por exemplo, pode ser definido pela sua unidade base, a lista vazia (*Unit*), juntamente com um inteiro seguido de uma lista de inteiros:

$$IntList = Unit + (Integer \times IntList) \qquad (3.2)$$

Note que nesta definição *IntList* é utilizado para definir a si próprio, ou seja é um tipo recursivo. Considerando a lista vazia como *nil* e *cons* um construtor de listas (constrói uma lista dado um elemento i e uma lista l), podemos ainda redefinir a equação acima como segue:

$$IntList = \{nil\} \cup \{cons(i, l) \mid i \in Integer, l \in IntList\} \qquad (3.3)$$

Em outras palavras, o tipo lista de inteiros é um conjunto formado pela união de uma unidade base de lista (*nil*), com todas a listas de inteiros com apenas 1 elemento, todas a listas de inteiros com 2 elementos, etc. A Equação 3.3 pode ainda ser desmembrada em:

$$\{nil\} \qquad (3.4)$$
$$\cup \ \{cons(i, nil) \mid i \in Integer\} \qquad (3.5)$$
$$\cup \ \{cons(i, cons(j, nil)) \mid i, j \in Integer\} \qquad (3.6)$$
$$\ldots \qquad (3.7)$$

Desta forma, obtemos um conjunto infinito de listas, calculado pela união do conjunto que contém a lista vazia (*nil*) com todas as listas de inteiros com um único elemento, mais todas as listas de inteiros com dois elementos e assim por diante. Um raciocínio similar pode ser usado para listas de quaisquer outros tipos.

O fato do tipo recursivo ser definido em termos dele próprio faz com que novos elementos sempre possam ser criados. Assim, a cardinalidade de tipos recursivos é infinita, mesmo que o conjunto de valores do tipo seja finito. Considerando o conjunto A dos exemplos anteriores, quais listas podemos formar com os três elementos do conjunto?

Exemplo 3.23 — As listas que podem ser formadas com elementos do conjunto A são:

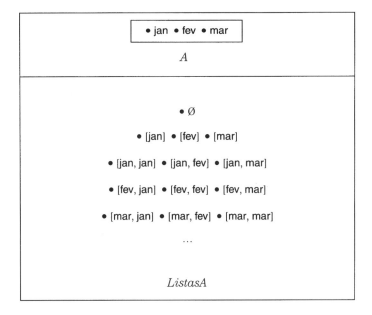

Figura 6 — Tipo recursivo

Além das listas com um e dois elementos aqui mostradas, precisamos de todas as listas possíveis que podemos formar com três, quatro, etc, elementos. Isso resulta em um conjunto infinito de listas. □

As listas são tipos recursivos encontrados em algumas linguagens de programação funcionais. Na maioria das linguagens, estas são construídas ao invés de predefinidas; é comum criarmos estruturas de dados ou objetos que constroem o tipo lista.

Exemplo 3.24 — Na linguagem Pascal, por exemplo, uma lista de números inteiros pode ser definida por um `record` com o auxílio de apontadores:

```
type IntListP = ^ IntNode;
     IntNode  = record valor: Integer;
                       prox:  IntListP
                end;
```

aqui, `valor` guarda o valor inteiro e `prox` é um apontador para uma lista de inteiros, caracterizando o tipo recursivo. Contudo, como um tipo em Pascal não pode ser definido usando o seu próprio nome, é necessário que se crie um elemento auxiliar para se fazer a referência cruzada. □

Exemplo 3.25 — Na linguagem C, uma lista de números inteiros pode ser também definida por apontadores como segue:

```
typedef struct NoIntlist* IntListC ;
struct NoIntlist {
            int valor;
            IntListC prox;
            }
```

da mesma forma que no exemplo anterior, `prox` é um apontador para uma estrutura do tipo `IntListC`, um tipo recursivo. □

Diferente das linguagens imperativas, as linguagens funcionais, tais como SML [60, 61], Miranda [62] e Lisp [63], possuem listas como tipos predefinidos (list). Como este é um tipo predefinido na linguagem, as operações básicas, tais como: primeiro elemento da lista (hd), a lista sem o primeiro elemento (tl) e tamanho da lista (lenght), estão também predefinidas na linguagem. Ter tais operações predefinidas na linguagem se faz necessário porque estas são as regras uniformes com as quais gostaríamos de tratar as listas, da mesma forma que temos as operações aritméticas para tratar o tipo números inteiros, por exemplo.

Exemplo 3.26 — Na linguagem SML, uma lista de inteiros e sua manipulação podem ser definidas como segue:

```
5::3::2::nil = 5::3::[2] = 5::[3,2] = [5,3,2]
```

`nil` representa a lista vazia (também representada por []), e :: é um construtor de lista que precisa de um elemento e uma lista. Algumas operações fundamentais sobre o tipo lista são também predefinidas na maioria das implementações da linguagem:

```
   [5,3,2] @ [7,8] {concatenação de listas}
>  [5,3,2,7,8] : int list
   rev [5,3,2] ;     {lista em ordem inversa}
>  [2,3,5] : int list
   hd [5,3,2];       {primeiro elemento da lista}
>  5: int
   tl [5,3,2];       {descarta o primeiro elemento}
>  [3,2] : int list
   length [5,3,2]; {o número de elementos da lista}
>  3 : int;
```

as duas primeiras operações (@ e `rev`) fazem parte da linguagem, enquanto as outras podem ser implementadas a partir dos elementos base da linguagem, mas vêm implementadas na grande maioria dos processadores da linguagem. □

Além de se ter listas como tipo predefinido, as linguagens funcionais também fornecem mecanismos para a construção de novos tipos. Neste caso, novos construtores podem ser criados para indicar a formação de novos tipos como indica o exemplo seguinte.

Exemplo 3.27 — As listas de inteiros podem ser definidas em SML pela criação de um tipo específico:

```
datatype IntlistS =   nil                      (1)
                  |   cons of int * IntlistS   (2)
```

`nil` representa a lista vazia e `cons` é o construtor de lista. Nesta definição do tipo lista de inteiros, temos duas definições alternativas: em (1), uma lista de inteiros pode ser uma lista vazia; e em (2), é construído (`cons`) uma nova lista contendo um valor inteiro (`int`) combinado (`*`) com uma lista de inteiros (`IntlistS`). Note que a definição deste tipo em SML corresponde ao tipo recursivo definido na Equação 3.2. □

3.5 TIPOS CONSTRUÍDOS PELO PROGRAMADOR

Nas seções anteriores, vimos que a maioria das linguagens fornece mecanismos para a criação de tipos de dados compostos, os quais são inspirados em elementos matemáticos que agregam valores. Com os *arrays* nas linguagens Pascal e C, por exemplo, podemos ter valores agregados como mapeamentos finitos. Assim, variáveis podem ser criadas para agregar valores em forma de mapeamentos. Da mesma forma, os `records` da linguagem Pascal e `struct` da C, por exemplo, fornecem recursos para que tenhamos dados agregados como produtos cartesianos. Além disso, em vários dos exemplos mostrados foram dados nomes aos novos tipos de dados.

Exemplo 3.28 — As datas do ano, denotadas pelo par (mês,dia), criadas em Pascal e C, por exemplo, foram nomeadas como `DataP` e `DataC` respectivamente:

```
type DataP = record
        m: MesesP
        d: DiasP
        end;
```

```
struct DataC {
        MesesC m
        DiasC d
        };
```
☐

A partir da definição desses novos tipos, variáveis podem ser criadas tanto usando os tipos predefinidos quanto os novos tipos. De uma forma geral, o programador pode definir tipos de dados nestas linguagens pela renomeação de tipos existentes ou agregação de tipos predefinidos ou criados na linguagem (via os construtores disponíveis em cada linguagem). A declaração de tipos, como mostrado acima, permite que o programador tenha um mecanismo uniforme de acesso aos componentes agregados, e assim várias instâncias destes elementos podem ser criadas (variáveis declaradas como deste tipo).

Existem algumas vantagens de se ter novos tipos nomeados [3]: a facilidade de leitura dos programas, uma vez que os tipos são nomeados de forma significativa para a solução do problema; facilidade de modificação de tipos de variáveis, dado que basta modificar o tipo para modificar todas as variáveis correspondentes; facilidade de escrita dos tipos de variáveis, uma vez que o tipo é declarado de uma única vez, não havendo necessidade de repetir a mesma definição para cada variável e diminui o risco de se definir variáveis que deveriam ter o mesmo tipo de maneira diferente. Uma discussão sobre os tipos construídos e a verificação de tipos será vista no Capítulo 5.

Vale lembrar que estas vantagens aqui citadas são características desejáveis nas linguagens de programação no tocante à facilidade de definição de tipos e estruturas, facilidade de escrita e clareza (descritas no Capítulo 2).

3.6 LEITURA RECOMENDADA

Um estudo sistemático sobre tipos compostos pode ser encontrado em [23], [24] e [41].

Um estudo sobre teoria de tipos para linguagens de programação pode ser encontrado em [42] e [34].

A teoria dos tipos tem sido vastamente estudada. Um estudo sistemático sobre especificação de tipos abstratos pode ser encontrado em [64], e a partir deste, o leitor pode encontrar referências para várias abordagens da teoria dos tipos.

3.7 EXERCÍCIOS

1. Para cada um dos tipos abaixo (definidos em Pascal), mostre qual conjunto de valores eles representam usando a notação de tipos primitivos, produto cartesiano (X), união disjunta (+), mapeamento ($\rightarrow$), conjuntos potência ($\mathcal{P}$).

   ```
   type  Cores = (azul, vermelho, amarelo);
         Tonalidade = 1..10;
         Textura = 1..5;
         PontoColorido = record  c: Cores;
                                 to: Tonalidade;
                                 tx: Textura
                         end;
         LinhaColorida = array [1..30] of PontoColorido;
         NovaCor = set of Cores;
         Noptr = ^NoListras;
         NoListras = record c: LinhaColorida;
                     next: Noptr
                     end;
   ```

2. Analise de forma sistemática quais os tipos de dados presentes nas linguagens que você conhece. Para cada uma das linguagens analisada defina:

   a) Qual o conjunto de valores de cada tipo primitivo da linguagem?

   b) Quais os tipos compostos existentes na linguagem? Eles cobrem todos os tipos compostos apresentados neste capítulo?

   b) É permitido construir novos tipos na linguagem? Existem limitações para isso?

3. Analise os seguintes conjuntos de dados usando os tipos matemáticos apresentados neste capítulo (os tipos compostos):

   a) Um banco de dados (BD) relacional, onde cada elemento do BD é dado por uma relação que pode ser uma tupla com dois elementos (um do tipo T e o outro do tipo S). Explore as alternativas para isso.

   b) Um arquivo com acesso direto, onde dado um valor do tipo T temos acesso a um outro valor do tipo T'.

   c) Um arquivo com acesso seqüencial, onde cada elemento do aquivo é um valor do tipo T.

   d) Acesso ao resultado de uma pesquisa na internet por palavra-chave.

4. Vimos na Seção 3.3.3 que funções e *arrays* podem representar a estrutura matemática de mapeamentos finitos. Essas duas representações podem ser usadas indistintamente para representar os mesmos mapeamentos?

   a) Compare o conjunto de valores que podem ser representados por ambas as representações.

   b) Compare quanto ao acesso os elementos do mapeamento.

   c) Compare quanto à atribuição de valores aos elementos do mapeamento.

5. Em várias das linguagens de programação atuais encontramos a representação de *strings*. Pesquise nas linguagens de programação que você conhece qual o tipo associado às *strings* em cada uma das linguagens (tipo primitivo, composto? qual?).

6. As listas são raramente tipos predefinidos nas linguagem de programação. Quando é o caso, devemos ter algumas operações juntamente predefinidas para caracterizá-las com tipo.

   a) Quais operações são necessárias para o tipo lista?

   b) Quais as vantagens de termos lista como um tipo predefinido em uma linguagem de programação?

4
Variáveis

> "For the Snark was a Boojum, you see"
> *Lewis Carroll*

Como visto no capítulo anterior, os valores são agrupados em tipos para que determinemos um tratamento uniforme. Além disso, vimos que os tipos predefinidos nas linguagens de programação são formados por tipos ou estruturas matemáticas conhecidas, as quais usamos quando da solução de problemas reais. Contudo, para que as soluções dos problemas sejam concretizadas, precisamos, na maioria das vezes, de mecanismos para armazenar valores de forma que estes possam ser usados *a posteriori*. Em grande parte das linguagens de programação os valores são armazenados em **variáveis**, as quais permitem que os mesmos sejam usados em diversos pontos do programa.

Este capítulo tem como objetivo mostrar quais recursos dispomos nas linguagens de programação atuais para armazenar valores, de forma que possam ser acessados e/ou modificados em passos posteriores da computação do programa. Para tanto, abordamos o uso das variáveis nos programas, classificamo-nas quanto ao armazenamento e acesso a valores, bem como quanto à sua existência como elemento ativo dentro do programa, ou seja, como pode ser feito o acesso às variáveis ao longo da execução do programa.

4.1 O PAPEL DAS VARIÁVEIS NOS PROGRAMAS

Para a solução dos problemas reais, devemos inicialmente escolher valores que denotem os valores reais do problema. A representação desses conjuntos de valores se dá por tipos, os quais podem ser tão simples como os tipos primitivos, quanto mais elaborados como os tipos compostos e todas as suas combinações (tipos construídos).

A solução para cada problema é uma transformação sucessiva dos valores originais até que obtenhamos os resultados desejados. Uma forma de abstrair da representação efetiva de cada valor é por de um nome fantasia que possa ter como conteúdo qualquer valor aceitável do tipo escolhido. Nas linguagens de programação, denominamos de **variáveis** os nomes fantasia utilizados nos programas para representar valores que podem ser transformados (manipulados) ao longo da computação do programa.

Fazendo uma analogia com os seres humanos, cada um de nós poderia ser identificado pelo código genético individual. Além da identificação genética, cada um tem um conhecimento individual do mundo, o conteúdo de cada ser humano. Apesar da identificação genética não sofrer modificação ao longo do tempo (não em curto prazo da existência individual), os nossos conhecimentos são modificados ou renovados; adquirimos novos conhecimentos e/ou renovamos os existentes. Certamente não gostaríamos de identificar cada pessoa pela sua representação genética, e uma forma de contornar este problema é pelo registro de um nome para cada um dos seres humanos, um nome fantasia. Assim, para cada ser humano, identificado pelo seu nome fantasia, podemos associar um conhecimento sobre um determinado assunto, o qual pode ser transformado ao longo do tempo.

De forma análoga, na execução de um programa, uma **variável** é um objeto identificado por um nome fantasia que contém um valor (o seu conteúdo), o qual pode ser consultado ou modificado tantas vezes quanto necessário ao longo da computação do programa. Essas variáveis são então usadas para modelar os objetos reais de forma que seus valores possam ser consultados ou modificados.

O armazenamento das variáveis é feito pelo uso de células de memória e o número de células usadas para o armazenamento de uma variável depende do tipo de dados associado e da linguagem de programação usada. É importante salientar que para cada variável de um programa temos associado: um identificador (o nome fantasia), um endereço da(s) célula(s) de memória aonde o valor é armazenado, e mais o conteúdo (valor) no endereço de memória.

$$\text{identificador} \rightarrow \text{endereço de memória} \quad \boxed{\text{conteúdo}}$$

Quando criamos variáveis em um programa pela sua declaração (implícita ou explícita), estamos na realidade criando um espaço de memória que pode acomodar qualquer valor do tipo declarado. Além disso, criamos um nome fantasia que queremos tratar, para não termos que lidar com o endereço físico da memória reservada.

Exemplo 4.1 — A declaração de variáveis e comandos de atribuição mostram como variáveis podem ser "criadas" e ter valores associados. O exemplo abaixo mostra um trecho de código na linguagem C:

```
int n;      {aloca uma célula de memória p/ o
             identificador n -valor indefinido}
n = 0;      {associa o valor zero como conteúdo}
n = n + 1;  {avalia a expressão ''n + 1'' com o valor
             atual de n e depois modifica o conteúdo
             mediante o resultado da expressão}              □
```

No exemplo acima, temos o identificador n associado a uma célula de memória a ser alocada pelo compilador e um conteúdo que é inicialmente indefinido. Na segunda linha de comando, n passa a ter como conteúdo o valor "zero", e posteriormente o valor "um". Note que a criação (declaração) de uma variável possui três subtarefas: associar um tipo à variável, alocar um espaço de memória apropriado, e associar a este espaço um identificador de forma que a partir desse ponto do programa o endereço da memória reservada e o identificador sejam indistinguíveis. Contudo, o valor associado ao conteúdo da variável não é determinado na declaração da mesma, mas pela *atribuição*[1] de valores ao conteúdo das variáveis, como mostrado no Exemplo 4.1. Dessa forma, o conteúdo de uma variável pode ser modificado ao longo da computação do programa.

4.2 ARMAZENAMENTO E ACESSO A VALORES

Assim como os tipos de dados definidos no Capítulo 3, as variáveis podem tanto armazenar um conteúdo atômico quanto composto. Quando o armazenamento e acesso ao conteúdo da variável só pode ser realizado sobre o valor como um todo, dizemos que estas são **variáveis simples**. Por outro lado, vimos que para alguns tipos, os valores podem ser decompostos em valores mais simples, e certamente queremos armazenar e ter acesso aos valores mais simples individualmente nas variáveis das linguagens de programação. São chamadas de **variáveis compostas** aquelas que podem ser desmembradas em elementos mais simples. Nas seções que seguem, mostramos os conceitos sobre variáveis simples e compostas, como elas aparecem nas linguagens de programação e a relação entre os tipos de dados vistos e as variáveis.

4.2.1 Variáveis Simples

As variáveis simples denotam espaços de memória que podem ter seus conteúdos armazenados e acessados atomicamente nas linguagens de programação. Os tipos primitivos, por exemplo, têm valores atômicos e os conteúdos associados a cada variável que representa um tipo primitivo são armazenados e modificados como um todo; não há como armazenar apenas parte dos valores. Isso não significa que um mesmo espaço de memória se faz necessário para

---
[1]Os comandos base de programação serão vistos em detalhes no Capítulo 6.

os vários tipos primitivos (isso depende da linguagem e do hardware em uso), mas que seu armazenamento é realizado de forma atômica. A relação entre as variáveis e os tipos de dados apresentados no Capítulo 3 (tipos primitivos, compostos e recursivos) é mostrada nas seções que seguem.

4.2.1.1 Tipos Primitivos — Os valores dos tipos primitivos são sempre referidos como elementos atômicos, mesmo que sejam armazenados internamente na máquina por elementos que possam ser eventualmente desmembrados. Um número inteiro, por exemplo, é representado internamente, no mínimo, pelo seu sinal (positivo ou negativo) mais um valor. Contudo, nas linguagens de programação, nos referimos aos valores inteiros, os quais podem ser um número inteiro positivo ou negativo, e não os desmembramos em sinal e valor. Da mesma forma, os números reais são representados internamente por um expoente e uma parte fracionária, mas esses elementos não aparecem desmembrados nas linguagens de programação; os números reais são armazenados como um valor de ponto-flutuante. Assim, os tipos primitivos numéricos estudados são armazenados em variáveis simples.

Exemplo 4.2 — Dado que os tipos numéricos primitivos são predefinidos nas linguagens de programação, variáveis podem ser declaradas como de um dado tipo predefinido. Na linguagem C, por exemplo, podemos declarar variáveis do tipo inteiro e ponto-flutuante de forma que possamos acessar e armazenar valores do tipo correspondente como conteúdo.

```
int i1, i2;    {variáveis i1 e i2 declaradas           }
float r;       {variável r declarada                   }
...
i1 = 10;       {valor 10 armazenado na variável i1     }
i2 = i1 - 20;  {valor da variável i1 é acessado e
                o valor resultado da expressão é
                armazenado na variável i2              }
r = 20.5;      {valor 20.5 armazenado na variável r    }
```

Note que para os inteiros, o acesso e o armazenamento dos valores são realizadas de forma atômica, independentemente se o valor inteiro é negativo ou positivo. Os números de ponto-flutuante têm acesso e armazenamento de forma semelhante. □

Da mesma forma que para os tipos numéricos, os valores caracteres e booleanos também são armazenados em variáveis simples. Vale lembrar que o tipo booleano não é um tipo predefinido na linguagem C. Contudo, este tipo pode ser construído através da enumeração, como mostra o exemplo a seguir, e assim tratado em variáveis simples como quaisquer dos tipos enumerados.

Exemplo 4.3 — O tipo booleano pode ser definido como uma enumeração de valores na linguagem C como segue:

```
enum Bool {false, true} ;
...
 Bool b ;                  (1)
...
 b = true ;                (2)
...
 if (b == true) then ...   (3)
```

Nesta linguagem, o primeiro elemento da enumeração corresponde ao valor "zero" e o segundo ao valor "um". Além disso, um valor enumerado é armazenado (2) em uma variável simples do mesmo tipo da enumeração, e o acesso à variável (3) é como em quaisquer outras variáveis simples, acesso direto ao valor correspondente. Neste exemplo, o valor da variável é comparado com um dos valores da enumeração definida. □

Os tipos enumerados da linguagem Pascal também têm seus valores armazenados em variáveis simples. Nesta linguagem, podemos ter a enumeração explícita dos valores, assim como a definição de um novo tipo como subintervalo de um tipo existente. Em ambos os casos são usadas as variáveis simples para o armazenamento desses valores.

Outro tipo primitivo comum nas linguagens de programação são os apontadores, os quais têm como valores endereços de memória aonde se encontram os conteúdos (valores) desejados. Os apontadores têm uma característica especial de armazenar um endereço de memória e a partir deste temos acesso aos valores armazenados no endereço de memória indicado. Assim, apesar de variáveis deste tipo armazenarem um único valor, e por isso usamos variáveis simples, podemos ter acesso também ao conteúdo do endereço de memória indicado via operações predefinidas nas linguagens.

Os exemplos abaixo mostram o uso de apontadores nas linguagens Pascal e C.

Exemplo 4.4 — Na linguagem Pascal, um apontador para um valor inteiro pode ser definido por:

```
var int_ptr1, int_ptr2 : ^ Integer;
                  {apontadores para inteiros          }
  i : Integer;
...
```

```
  New(int_ptr1);         {cria um espaço para armazenar
                          um inteiro apontado por int_ptr1    }
  i:= 10;
  int_ptr2 := @i;        {armazena em int_ptr2 o endereço
                          da variável i                        }
  ...
  int_ptr1^ := i;        {armazena o valor de i no espaço
                          apontado por int_ptr1                }
  ...
  Dispose(int_ptr1);     {libera o espaço reservado para
                          armazenar o inteiro apontado por
                          int_ptr1                             }
  ...
```
□

Exemplo 4.5 — De forma análoga, na linguagem C, um apontador para um valor inteiro pode ser definido por:

```
int *int_ptr1, *int_ptr2;  {apontadores para inteiros}
 int i;
 ...
 int_ptr1= (int*) malloc(sizeof(int))
                         {cria um espaço para armazenar
                          um inteiro apontado por int_ptr1    }
 i = 10;
 int_ptr2 = &i;         {armazena em int_ptr2 o endereço
                          da variável i                        }
 ...
 *int_ptr1 = i;         {armazena o valor de i no espaço
                          apontado por int_ptr1                }
 ...
 free(int_ptr1);        {libera o espaço reservado para
                          armazenar o inteiro apontado por
                          int_ptr1                             }
 ...
```
□

Na linguagem C, os apontadores são mais flexíveis e operações aritméticas podem ser realizadas sobre apontadores. Dessa forma, os programadores têm acesso direto aos elementos de memória e um cuidado extra se faz necessário no tratamento de apontadores. Na linguagem Pascal, os apontadores são usados apenas para acessar variáveis anônimas alocadas dinamicamente, o que é uma forma mais restrita de uso. Nas duas linguagens temos operações para reservar dinamicamente os espaços de memória, assim como liberar os respectivos espaços. Isso se faz necessário para a introdução da idéia de administração de espaços de memória pelos próprios programadores. Grande parte das linguagens ainda hoje não fornece mecanismos para liberação automática de espaços de variáveis alocadas dinamicamente, dado o custo de processamento de tal mecanismo. O tratamento de coleta de espaços de memória não utilizados está relacionado à implementação de processadores de linguagens, assunto não tratado neste livro (ver leitura recomendada no fim do capítulo).

É importante salientar que apesar de podermos ter acesso ao endereço de memória e ao conteúdo associado, essa não é uma variável estruturada (composta), pois o valor a ser tratado é unicamente o conteúdo associado.

4.2.1.2 Tipos Compostos — A maioria dos tipos compostos tem seus valores tratados de forma seletiva e por isso armazenados em variáveis compostas, como será visto na Seção 4.2.2. Os conjuntos, contudo, como implementados em Pascal e Modula-3, são tratados como um único elemento e não existe acesso direto aos seus componentes (ao i-ésimo componente, por exemplo). Variáveis do tipo conjunto podem apenas ser manipuladas por operações predefinidas sobre conjuntos. Apesar de ser um tipo composto, o acesso e armazenamento dos conjuntos são feitos de forma não seletiva, o que justifica o uso de variáveis simples para tanto.

Exemplo 4.6 — O conjunto das cores primárias e todas as outras cores formadas a partir destas pode ser descrito na linguagem Pascal como segue:

```
type Cores = (vermelho, azul, amarelo);
  NovasCores = set of Cores;
...
var conjcor: NovasCores;           (1)
...
conjcor := [vermelho, amarelo];    (2)
...
if (vermelho in conjcor)           (3)
...
```

os conjuntos são tratados como um todo: definido por inteiro (2). Não há como acessar o i-ésimo elemento do conjunto, contudo operações como pertinência (3) união, interseção e igualdade de conjuntos também estão definidas nestas linguagens. □

As operações sobre conjuntos estão predefinidas tanto na linguagem Pascal quanto na Modula-3. Apesar de representarem um tipo de dados importante para a modelagem de problemas reais, existem algumas limitações do uso de variáveis do tipo conjunto devido a implementações. As variáveis do tipo conjunto, à semelhança das variáveis do tipo enumeração, não podem ser entrada nem saída de funções tanto em Pascal quanto em Modula-3. Além disso, existe um limite máximo para os tamanhos de conjuntos na maioria das implementações; a maioria limita o máximo menor que 100 elementos. Isso se dá porque a maioria implementa os conjuntos e suas operações sobre *strings* de bits que cabem em uma única palavra de máquina por razões de eficiência.

4.2.1.3 Tipos Recursivos — As listas são o tipo recursivo mais comum nas linguagens de programação atuais. Na maioria das linguagens, as listas são representadas por variáveis que selecionam um valor e um apontador para o próximo elemento da lista, as quais serão mostradas na Seção 4.2.2.4. Algumas outras linguagens possuem listas como tipo predefinido.

Linguagens que embutem listas como tipo predefinido, na sua maioria as linguagens funcionais tais como Lisp, SML e Miranda, não fazem acesso e armazenamento seletivos dos seus elementos. Em SML, por exemplo, existem operações predefinidas comuns ao tipo lista: primeiro elemento, inserir um elemento, retirar o primeiro elemento, concatenar listas, etc (mostrado na Seção 3.4). Contudo, as listas são tratadas como elementos únicos, não podemos ter acesso ao i-ésimo elemento da lista, exceto via operações sucessivas.

Exemplo 4.7 — Na linguagem SML, uma lista de inteiros pode ser construída como segue:

```
5::3::2::nil = 5::3::[2] = 5::[3,2] = [5,3,2]
```

Apesar de variáveis não serem comumente usadas em definições nas linguagens funcionais[2], elas podem ser usadas para simplificar a aplicação de operações.

```
val list1 = [5,3,2];        {definição da variável list1  }
> [5,3,2] : int list
  rev list1;                {lista em ordem inversa       }
> [2,3,5] : int list
  hd list1;                 {primeiro elemento da lista   }
```

---

[2] Linguagens funcionais puras são orientadas a expressões em vez de comandos, como será visto no Capítulo 6.

```
> 5: int
  tl list1;                 {descarta o primeiro elemento }
> [3,2] : int list
  hd tl list1;              {segundo elemento da lista    }
> 3: int
  hd rev list1;             {último elemento da lista     }
> 2: int
```

Veja que o segundo elemento de list1 só pode ser acessado pelas operações sobre listas, não há seleção direta do elemento. Da mesma forma, o último elemento também só pode ser obtido por operações (ou mediante novas definições de funções). □

De forma semelhante, as listas são implementadas em outras linguagens funcionais e em linguagens lógicas, como será visto na Parte II.

4.2.2 Variáveis Compostas

As variáveis compostas possuem componentes que podem ser tratados seletivamente. Como visto no Capítulo 3, os tipos compostos possuem, em geral, acesso seletivo aos seus subcomponentes. Vimos nas Seções 4.2.1.2 e 4.2.1.3 que os conjuntos e as listas, apesar de serem tipos compostos, são representados em algumas linguagens por variáveis simples. Contudo, a maioria dos tipos compostos é representada por variáveis compostas. Aqui seguem os tipos compostos definidos anteriormente e que tipo de variáveis se faz necessário para o seu armazenamento e acesso nas linguagens de programação.

4.2.2.1 Produto Cartesiano — Os produtos cartesianos são representados através de registros na linguagem Pascal (record) e estruturas (struct) na linguagem C.

Exemplo 4.8 — Como visto no capítulo anterior, podemos definir um novo tipo para representar datas na linguagem C como segue[3]:

```
enum MesesC    {jan, fev, mar, abr, mai, jun,
                jul, ago, set, out, nov, dez};
enum DiasC     {1,2,3,4,5,6,7,8,9,10,11,12,13,14,15,16,17,
                18,19,20,21,22,23,24,25,26,27,28,29,30,31};
```

---
[3]Aqui repetimos tipos já vistos em exemplos anteriores para facilitar a leitura.

```
struct DataC    {
                DiasC d ;
                MesesC m
                };
...
DataC umadata;      (1)
...
umadata.m = mar;    (2)
umadata.d = 7;
...
```

Note que cada um dos elementos que constitue a variável umadata (1), definida como do tipo DataC, pode ser armazenado e acessado seletivamente através dos nomes que discriminam os subelementos (m e d), o que as caracteriza como variáveis compostas. □

Na linguagem Pascal, as variáveis definidas por tipos que incluem um record têm um tratamento semelhante às estruturas (struct) da linguagem C; cada subelemento do record pode ser armazenado e acessado de forma direta como no exemplo acima. A grande maioria das linguagens de programação atuais fornecem definição de variáveis que acomodam produto cartesiano. É importante salientar que cada variável só pode armazenar um valor por vez em cada um de seus subelementos, contudo o universo de valores que podem ser representados em cada uma das variáveis é dado pelo produto cartesiano.

4.2.2.2 União Disjunta — A união disjunta provida nas linguagens de programação são caracterizadas por mais de uma variável compartilhando um mesmo espaço de memória. Contudo, apenas uma das variáveis deve ser acessível por vez. Apesar de termos apenas uma das variáveis acessível em um dado instante, podemos acessar este espaço de memória de forma seletiva, o que caracteriza a variável como composta. A seguir, há alguns exemplos de variáveis que representam união disjunta nas linguagens C e Pascal.

Exemplo 4.9 — Como definido no Exemplo 3.16, podemos ter números que para certos propósitos do problema deve ser do tipo inteiro, enquanto em outras partes do problema deve ser tratado como de ponto-flutuante. Um número com tais características pode ser definido na linguagem C como:

```
union NumeroC   {
                int    ival;
                float  rval;
                }
```

```
NumeroC valor;
...
valor.ival = 5;                     (1)
valor.ival = valor.ival + 10;       (2)
...
valor.rval = 5.87;                  (3)
valor.rval = valor.rval + 20.0;     (4)
...
```

A variável `valor` pode ter um valor inteiro ou real, depende do valor armazenado; se o `valor.ival` ou o `valor.rval`. Quando um valor é atribuído a `valor.ival` (1) apenas esta variável deve ser usada (2). A variável `valor.rval` não possui qualquer valor no estágio (2) do programa e, portanto, não deveria ser usada. Da mesma forma, no estágio (3) do programa não há qualquer valor associado à variável `valor.ival`, e esta não poderia ser usada no passo seguinte (4) da computação do programa.

No exemplo acima, as variáveis alternativas foram usadas devidamente. Contudo, o acesso à `valor.rval` quando o último valor armazenado foi para a `valor.ival` é permitido pela linguagem apesar de ser um uso incorreto (o valor depende da implementação). É de responsabilidade do programador o uso devido das variáveis união na linguagem C.

Além da união livre existente na linguagem C, algumas outras linguagens, tal como Pascal, possuem variáveis que representam a união disjunta com um discriminador, a união discriminada.

Exemplo 4.10 — Com o mesmo propósito do `NumeroC` acima, podemos criar na linguagem Pascal o tipo `NumeroP`, previamente definido no Exemplo 3.15:

```
type Precisao = {exato, aprox};
     NumeroP =  record
                    case prec : Precisao of
                        exato : (ival : Integer);
                        aprox : (rval : Real)
                    end;
var num  :  NumeroP;
    i    :  Integer;
    r    :  Real;
...
```

```
case num.prec of
    exato: i := num.ival;
    aprox: r := num.rval
end
...
```

A variável num.prec terá exclusivamente um dos valores do tipo Precisao e, dependendo desse valor, apenas uma das variáveis num.ival ou num.rval poderá ser acessada. Este é o uso correto do tipo NumeroP, onde o discriminador prec é verificado antes que um dos valores alternativos seja usado. □

Vale salientar que para variáveis do tipo NumeroP, definido como um record, é permitido o acesso direto a quaisquer dos seus elementos. Então, se tivermos em um dado estado o valor exato associado à num.prec e tentarmos acessar num.rval, ocorrerá um erro em tempo de execução. Por isso, recomenda-se o uso de variáveis de união disjunta com a prévia verificação do discriminador.

Da mesma forma que na união da linguagem C, a união disjunta na Pascal requer uma variável composta para sua representação. Contudo, faz-se necessário nesta última um elemento a mais, o discriminador, como visto no exemplo acima.

4.2.2.3 Mapeamentos — Nos mapeamentos usuais das linguagens de programação (os *arrays*), temos acesso tanto aos elementos do domínio (índices) quanto aos elementos imagem. Na maioria das linguagens de programação, temos apenas acesso aos valores imagem mediante os índices; dado um índice podemos ter acesso ao valor imagem associado àquele índice.

Exemplo 4.11 — Suponha um mapeamento com 16 elementos definido sobre os conjuntos domínio e imagem de valores inteiros como segue:

```
int mapintC[16], n;
...
mapintC[0]   =10;
mapintC[15]  =14;     (1)
n = mapintC[15];      (2)
...
```

Por definição de projeto na linguagem C, quando um *array* é declarado com 16 elementos tem-se os índices (elementos do domínio) variando de 0 (zero) a 15 do tipo inteiro. O armazenamento (1) e acesso (2) a cada um dos elementos imagem é realizado de forma direta mediante o índice. □

Exemplo 4.12 — Na linguagem Pascal, uma variável que representa um mapeamento de inteiros no intervalo [0 .. 15] para números inteiros representáveis na linguagem pode ser definido por:

```
var mapintP: array [0..15] of Integer;
...
mapintP[0]  := 10;
mapintP[15] := 14;       (1)
n := mapintP[15] ;       (2)
...
```

Note que os índices devem ser definidos explicitamente na linguagem, e não há obrigatoriedade de que estes sejam inteiros a partir de 0 como na linguagem C. □

Assim, o tipo associado aos domínios dos mapeamentos (índices) podem ser tanto pre-definidos pela própria linguagem, como nas linguagens C, C++ [65] e Java [66] (inteiros a partir de 0), quanto definidos pelo programador, como definido em Pascal, Modula-3 e Ada (inteiros ou tipo enumerado). Na maioria das linguagens, o tipo da imagem pode ser um tipo predefinido na linguagem assim como tipos criados pelo usuário.

Ainda em relação aos índices, podemos ter apenas um índice ou vários dependendo da linguagem. A grande maioria das linguagens admite *arrays* multidimensionais, com vários índices. A linguagem Fortran, por exemplo, limitou a três o número de índices por razões de eficiência. Por outro lado, a linguagem C admite apenas um índice, mas cada um dos elementos, por sua vez, pode ser um *array* (princípio da ortogonalidade), e temos como resultado os *arrays* multidimensionais da linguagem.

Em geral, a atribuição aos valores imagem é realizado um a um, como visto nos exemplos anteriores. Contudo, algumas linguagens, tal como C, permitem o armazenamento dos valores de um *array* tanto de forma seletiva, como no exemplo acima, quanto de forma integral, o que é o caso do exemplo abaixo.

Exemplo 4.13 — Aqui um *array* de inteiros com 5 elementos é definido, assim como os valores associados a cada um dos elementos:

```
int n[5] = {32,45,66,23,58};
...
n[3] = 40;                             (1)
...
```

Note que o fato de poder armazenar todos os elementos de um *array* de uma única vez não o descaracteriza como uma variável composta, já que seus subcomponentes podem tanto ser armazenados (1) quanto acessados de forma seletiva. □

Além do armazenamento integral de um *array*, algumas linguagens permitem que em um *array* bidimensional (uma matriz), por exemplo, uma linha inteira seja armazenada de uma única vez. Variaçõs de fatias de *arrays* podem ser armazenados em algumas linguagens, tal como na Fortran. Outras linguagens, tais como SML, Ada [67] e Perl, também permitem o armazenamento de variáveis compostas de forma integral ou parcial.

4.2.2.4 Tipos Recursivos — Os tipos recursivos mais conhecidos nas linguagens de programação são as listas. Na maioria das linguagens, são criadas pelo usuário como uma nova estrutura de dados. Desta forma, os elementos da estrutura são tratados seletivamente, assim como em qualquer das estruturas criadas pelo usuário. Contudo, as listas predefinidas das linguagens de programação funcionais são tratadas como um único elemento (assim como os conjuntos em Pascal), não se tendo acesso seletivo aos seus elementos, apenas via operações predefinidas (Seção 4.2.1).

Como já visto, os tipos recursivos podem ser definidos por um novo tipo que tem um de seus subelementos declarado como do seu próprio tipo. Um dos exemplos clássicos são as listas que podem ter seus tipos definidos por apontadores para uma lista do mesmo tipo. Assim, as variáveis destes tipos compostos são também variáveis compostas que podem ter acesso tanto aos valores quanto às listas.

Exemplo 4.14 — Na linguagem C, uma lista de números inteiros pode ser definida por apontadores como segue:

```
typedef struct NoIntlist* IntListC ;
struct NoIntlist {
                int valor;
                IntListC prox;
                }
...
IntListC prim_linteiros, ult_linteiros;
...
prim_linteiros = malloc(sizeof *prim_linteiros);          (1)
prim_linteiros->valor = 10;                               (2)
prim_linteiros->prox = malloc(sizeof *prim_linteiros);    (3)
ult_linteiros = *prim_linteiros.prox;                     (4)
ult_linteiros->valor = 20;                                (5)
ult_linteiros->prox = NULL;                               (6)
...
```

`prox` é um apontador para uma estrutura do tipo `IntlistC`. Como o novo tipo é recursivo, um dos elementos da célula é um apontador para um outro elemento do mesmo tipo. Uma variável do tipo lista terá acesso seletivo a `valor` (2), a qual é um inteiro, e a `prox` (3) que é um apontador para uma lista de inteiros. `prim_linteiros` é um apontador, então deve ter um espaço de memória alocado (1) para um célula do tipo `NoIntlist` antes de ser usado. Da mesma forma, uma nova célula é alocada e apontada por `prim_linteiros->prox` (3) e posteriormente também apontada por `ult_linteiros` (4). Por fim, um valor inteiro é atribuído ao elemento `valor` desta nova célula (5) e o elemento `prox` recebe `NULL` (6), indicando que não há mais elementos na lista. □

4.3 AS VARIÁVEIS E SUA EXISTÊNCIA

Uma outra característica importante das variáveis está relacionada à ativação da variável ao longo da execução do programa; **quando** os valores das variáveis podem ser acessados. Assim, além de classificar as variáveis sob o ponto de vista de acesso e armazenamento de valores (variáveis simples e compostas), é preciso classificá-las quanto a sua existência quando da execução dos programas (o "tempo de vida" das variáveis).

Uma variável existe desde o momento em que é associada (vinculada) a uma célula de memória (a chamada **alocação**) da variável, e cessa sua existência quando o dado espaço de memória é disponibilizado (**desalocação**). Nas linguagens de programação atuais, existem as variáveis que têm sua alocação antes que se inicie a execução dos blocos de comando dos programas (**variáveis globais** e **locais**), as variáveis que são criadas em tempo de execução (**variáveis *heap***), e as **variáveis persistentes**, as quais existem mesmo depois da execução dos programas.

A vinculação ao armazenamento das variáveis determina sua existência na computação de um programa. O caráter de uma linguagem de programação é, em grande parte, determinado pelo projeto das vinculações de armazenamento para as suas variáveis. No Capítulo 5, as vinculações em linguagens de programação e sua importância nos projetos das linguagens serão discutidas. Nas seções que seguem, apresentamos apenas uma classificação para as variáveis quanto à sua existência, e problemas relacionados à existência das variáveis.

4.3.1 Variáveis Globais e Locais

As variáveis **globais** são aquelas vinculadas às células de memória antes da execução do programa e assim permanecem até que a execução do programa se encerre. O tempo de vida das variáveis **locais** está relacionado aos blocos de execução nos quais elas estão inseridas. Dessa forma, as variáveis locais têm seu escopo de existência delimitado pela ativação do bloco de execução no qual está inserida. Esses blocos individuais podem ser ativados sucessivas vezes durante a execução de um programa, contudo, os valores das variáveis locais aos blocos são novos a cada ativação do bloco na maioria das linguagens. Ou seja, o valor das variáveis locais não são retidos após o término da ativação do bloco. Uma discussão sobre blocos de comandos das linguagens atuais será conduzida no Capítulo 6.

Linguagens como Pascal, Modula-3, Ada e C, possuem blocos de comandos nos quais podemos ter definidas estas variáveis locais, que são acessíveis apenas no tempo de execução dos blocos. C, C++ e Java, contudo, permitem que valores de variáveis locais sejam retidos, quando as variáveis são declaradas como **static** (um atributo de variáveis que as torna globais).

4.3.2 Variáveis Intermitentes (*Heap*)

Algumas variáveis são criadas e destruídas em tempo de execução, as variáveis intermitentes. Os apontadores existentes na maioria das linguagens de programação atuais são exemplos clássicos deste tipo de variável. Para esse tipo de variável, as células de memória são associadas mediante um comando de criação da variável (alocação). Da mesma forma, a destruição das mesmas também é feita via comando específico (desalocação), ou através de uma coleta de lixo após a execução do programa nas linguagens mais modernas.

A existência temporária destas variáveis não deve ser confundida com as variáveis locais. O que difere substancialmente estas variáveis das locais é o controle explícito da sua existência pelos comandos de criação e destruição, enquanto as variáveis locais têm sua existência relacionada a blocos de execução.

Tanto as variáveis globais e locais, quanto as *heap* são variáveis com existência limitada ao tempo de execução dos programas.

4.3.3 Variáveis Persistentes

O armazenamento de dados não pode estar restrito apenas ao tempo de execução dos programas. É comum utilizarmos dados já previamente processados ou simplesmente armazenados. Para dados que são utilizados várias vezes, utilizamos arquivos (ou bancos de dados) como meio de armazenamento. Para que se tenha acesso a esta informação através dos programas, devemos ter variáveis do tipo arquivo. A maioria das linguagens de programação possui variáveis do tipo arquivo e operações predefinidas sobre eles para que se tenha acesso às informações.

Na maioria das linguagens não há como criar ou destruir arquivos, Ada é uma exceção a essas linguagens. Em C, a criação de arquivos não faz parte da biblioteca padrão.

4.3.4 Problemas Relacionados à Existência das Variáveis

A priori, variáveis só devem ter seus valores acessados quando estão ativas em tempo de execução. Não obstante, alguns problemas podem ocasionar erros por acessos indevidos a valores de variáveis.

Exemplo 4.15 — Considere um pseudoprograma na linguagem Pascal aonde temos um procedimento e um programa que chama este procedimento:

```
var r: ^ Integer;
procedure P;
 var v: Integer:
 begin
 r:= &v;
 end;

begin
 P ;
 r^ := 1;
end
```

Note que no exemplo acima r é uma referência para a variável local v, a qual é não existente quando da execução do programa principal. Isso certamente acarretaria um erro: acesso a uma variável não existente. □

Pascal evita esse tipo de problema com a não permissão de referência a variáveis locais (referências a variáveis locais devem sempre ser passadas como parâmetros). Em outras linguagens, a atribuição de referências só pode ser feita para variáveis que tenham um tempo de vida menor (o que requer verificações em tempo de execução).

Em algumas linguagens funcionais, quando é feita uma atribuição de referência a uma variável, a variável referida só pode ser destruída quando não há mais referências para ela. Isso requer um tratamento em tempo de execução, o que degrada a eficiência da linguagem.

4.4 LEITURA RECOMENDADA

Um estudo sobre variáveis temporárias e persistentes pode ser encontrado em [8].

Métodos de implementação para tipos de dados são descritos de forma resumida em [36], e de forma mais sistemática em livros de implementação de linguagens como [2] e [45].

A coleta de lixo é ainda um tópico bastante estudado. Bons estudos para os leitores interessados no assunto podem ser encontrados em [68], [69] e [16].

4.5 EXERCÍCIOS

1. Algumas linguagens de programação permitem que variáveis sejam definidas sem um tipo. Quais as vantagens e desvantagens de termos variáveis sem um tipo associado em uma linguagem de programação?

2. Listas com criação dinâmica de elementos podem ser implementadas em Pascal pelos apontadores. Considere que uma extensão de Pascal inclui o tipo lista:

   ```
   var <nome-variável> : list of <nome-tipo>
   ```

   sobre o qual estão definidas operações de atribuição entre listas do mesmo tipo, construção de listas (um elemento e uma lista são os parâmetros), concatenação de listas, *head*, *tail* e *length*. As listas podem conter elementos do tipo primitivo ou composto, e na operação de atribuição, quando uma variável lista é atribuída à outra, é criada apenas uma referência de forma que as duas variáveis acessam a mesma lista de valores.

   ```
   type IntList = ^IntNode;
        IntNode = record elem: Integer;
                         prox: IntList
                  end;
   var ll : list of Integer;
       lp : IntList;
   ```

   Compare as listas ll e lp acima quanto a:

   a) o conjunto de valores que elas podem representar;

   b) a forma de acesso aos elementos da lista (o primeiro, e um elemento qualquer da lista); e

   c) o mecanismo de atribuição para cada um dos tipos das listas.

3. Classifique as variáveis ll e lp do exemplo acima quanto ao armazenamento e acesso a valores (Seção 4.2), e quanto à sua existência (Seção 4.3).

4. As *strings* são representadas de diversas formas nas linguagens de programação atuais. Para as linguagens de programação que você usa, classifique as variáveis que representam *strings* quanto ao acesso e armazenamento (Seção 4.2), e explique as razões da classificação.

5. Analise o uso de apontadores em C++ e as variáveis de referência Java para variáveis *heap* sob os pontos de vista de segurança e facilidade de uso. Para complementar esta análise, faça uma breve discussão do ganho e perdas na decisão dos projetistas de Java da não inclusão de apontadores na linguagem.

6. Faça um paralelo sobre as vantagens e desvantagens de se ter liberação de memória ocupada pelas variáveis *heap* de forma manual (realizada explicitamente pelo programador, como em C++), ou de forma automática, como em Java.

7. Em geral, os tipos primitivos são armazenados em variáveis simples, enquanto tipos compostos, em variáveis compostas. Determine, para as suas linguagens favoritas, os tipos predefinidos e quais tipos de variáveis que são necessários para cada tipo predefinido.

8. Apenas algumas linguagens possuem conjuntos como elementos predefinidos na linguagem. Enuncie alguns problemas para os quais a representação de conjuntos facilita a manipulação dos dados.

9. A linguagem C, por exemplo, não possui conjuntos predefinidos. Faça uma representação para conjuntos usando a linguagem C (dica: lembre-se de que algumas operações sobre conjuntos se faz necessário — ex.: união).

10. Os índices dos *arrays* são predefinidos como números naturais na linguagem C.

    a) Cite vantagens e desvantagens sobre esta representação se comparada a outras linguagens que exigem a definição dos tipos dos índices.

    b) Cite problemas para os quais você gostaria de ter a representação dos índices diferente do domínio dos números naturais (ex.: caracteres, enumerados, etc.).

    c) Para os problemas citados no item anterior, como você representaria os dados usando a linguagem C?

11. Várias linguagens modernas permitem a criação de tipos enumerados (novos valores determinados pelo programador). Contudo, esses valores são associados, internamente, a valores inteiros e, em algumas linguagens, operações sobre inteiros podem ser efetuadas sobre os valores enumerados. Discuta o uso de valores enumerados como inteiros à luz dos requisitos de flexibilidade, clareza e facilidade de escrita desejáveis às linguagens de programação atuais.

5
Vinculações e verificação de tipos

"We know what we are, but know not what we may be"
William Shakespeare

De forma geral, o termo vinculação se refere à associação entre elementos [36]. A vinculação de um tipo a uma variável, por exemplo, associa aquela variável aos possíveis valores que ela pode assumir. A idéia de vinculação pode estar relacionada desde a decisões no projeto da linguagem, como a quais símbolos serão vinculados às operações aritméticas, como até a vinculação de valores às variáveis em tempo de execução. Neste capítulo, discutimos o conceito de vinculação em geral, e em particular a vinculação de tipos e armazenamento de variáveis para que possamos proceder com a verificação de tipos. A avaliação destes elementos são fundamentais para a compreensão das linguagens quanto à sua expressividade, flexibilidade e segurança.

As vinculações de tipos às variáveis e abstrações determinam em grande parte a expressividade da linguagem. Uma vez que os tipos são vinculados, precisamos de mecanismos que verifiquem se os tipos das variáveis estão sendo usados apropriadamente dentro do programa. Neste capítulo, apresentamos também os conceitos relacionados à verificação de tipos: equivalência e compatibilidade de tipos. Esses conceitos são fundamentais ao programador para o uso adequado dos sistemas de tipos existente nas linguagens e de que forma eles são comparados.

5.1 VINCULAÇÕES

A idéia de vinculação desenvolve-se com a associação de entidades de um programa (tal como variáveis, funções, etc) a atributos relativos àquelas entidades no contexto do programa (um valor, um tipo, uma estrutura ou ainda uma abstração). Cada entidade do programa só pode ser processada quando estes atributos são definidos de forma exata, e a esta definição exata dos atributos chamamos de vinculação. Isso significa que para cada entidade do programa existe um descritor que contém todos os atributos da entidade.

Um programa na linguagem C, por exemplo, possui um conjunto de declarações de variáveis seguido de uma seqüência de comandos. Na declaração de variáveis, vinculamos identificadores a um espaço de memória que pode guardar valores de um determinado tipo. Neste caso, temos a vinculação de tipo mais a vinculação de um endereço de memória destinado ao conteúdo da variável. Da mesma forma, quando uma função é declarada, vinculamos um identificador a um processo juntamente com um conjunto de parâmetros formais, etc. Assim, o contexto de um programa é formado pelas suas várias vinculações (de tipos, armazenamento, valores, etc) a identificadores.

Vinculação é, portanto, um conceito fundamental relativo ao projeto de linguagens de programação: as entidades existentes, os atributos necessários a serem vinculados a cada entidade e o tempo em que cada vinculação ocorre [3]. Ainda sobre o projeto de linguagens, as questões sobre vinculações dizem respeito a: **o que** pode ser vinculado em uma linguagem de programação (quais entidades), **de que forma** e **quando** estes elementos podem ser vinculados.

O momento em que uma vinculação desenvolve-se é chamado de **tempo de vinculação**, enquanto a **forma de vinculação** mostra como os atributos são associados às entidades na linguagens. De uma forma geral, podemos vincular tipos, referências e valores a identificadores de variáveis, valores a identificadores de constantes, novos valores e estruturas a identificadores de tipos, abstrações de processos a identificadores de funções e procedimentos, abstrações de tipos de dados a identificadores de tipos ou classes, tratamento de exceções de tipos, etc; esses são os elementos vinculáveis (**o quê**).

Nas seções que seguem tratamos o tempo e formas de vinculações relativas apenas a variáveis e tipos. As vinculações relativas a abstrações de processos e tipos, serão tratadas no Capítulo 7.

5.1.1 Formas de Vinculação

Grande parte das linguagens de programação atuais possui alguns tipos predefinidos, sejam eles primitivos ou compostos (visto nos Capítulos 3 e 4). Dessa forma, todos os tipos predefinidos de uma linguagem são vinculados *a priori* a suas respectivas palavras reservadas. Na linguagem C, por exemplo, a palavra reservada `int` identifica o tipo inteiro, o qual, por sua vez, possui alguns atributos inerentes, tais como as operações aritméticas e relacionais. Essas vinculações são decididas no projeto da linguagem e, por isso, implementadas nos processadores das mesmas (elementos definidos pelo projetista da linguagem e não pelo programador).

Contudo, a maioria das linguagens atuais permitem a criação de novos tipos a partir de novos valores, os tipos enumerados, ou ainda a partir de tipos preexistentes, como é o caso de novas estruturas que são nomeadas como tipos. Para a definição de um novo tipo na linguagem C, por exemplo, precisamos criar uma nova estrutura (`struct`) ou definir um novo identificador de tipo para um elemento já existente (`typedef`). Em todos esses casos temos uma declaração explícita de um novo tipo, seja por uma enumeração, uma estrutura ou renomeação de tipos. Para cada um destes casos, vinculamos um identificador a cada um dos novos elementos de forma explícita, por uma **declaração explícita** dos novos elementos. Assim, uma vez vinculado um identificador a um novo tipo, ele pode ser usado de forma semelhante aos tipos predefinidos, aumentando a flexibilidade das linguagens de programação.

Algumas outras linguagens de programação, tais como as linguagens orientadas a objetos, têm a capacidade de vincular abstrações além das estruturas, os tipos abstratos de dados. Postergamos uma discussão sobre vinculações relativas a tipos abstratos de dados para o Capítulo 7.

Por outro lado, as variáveis são criadas para armazenar valores de determinados tipos, os quais podem ser preexistentes ou criados (como discutido acima). A vinculação de tipos às variáveis determina o universo de valores que podem ser armazenados em uma dada variável.

Um tipo pode ser vinculado a uma variável por uma **declaração explícita**, a qual é uma instrução da linguagem que lista nomes de variáveis e especifica o tipo associado. Este tipo de declaração é comum na grande maioria das linguagens de programação atuais e pode ser vista nos vários exemplos apresentados no capítulo anterior.

Uma outra forma de declaração de variáveis é a chamada **declaração implícita**, na qual o tipo da variável é inferido em vez de explicitamente declarado. Uma forma comum de declaração implícita aparece nas primeiras linguagens como Fortran, PL/I e BASIC. Em Fortran, por exemplo, uma variável que não é explicitamente declarada mas aparece no corpo do programa é implicitamente declarada segundo uma convenção: identificador iniciado pelas letras de I a N são do tipo inteiro (`INTEGER`), enquanto os identificadores iniciados pelas outras letras são implicitamente declarados do tipo real (`REAL`).

Das linguagens mais modernas, SML e Perl possuem declarações implícitas. Na linguagem Perl, por exemplo, qualquer identificador que inicie com o caractere $ é um escalar que pode armazenar uma cadeia de caracteres ou um valor numérico. Os identificadores que iniciam com o caractere @ são *arrays*, enquanto os que iniciam com % são estruturas.

Além da vinculação de tipos às variáveis, estas também devem ser vinculadas ao espaço de memória no qual o conteúdo da variável será armazenado. Classificamos as variáveis quanto à sua existência no Capítulo 4 (Seção 4.3). Tal classificação denota a vinculação das variáveis em relação ao atributo de armazenamento. As variáveis globais e locais têm um espaço de memória vinculado ao identificador da variável mediante a declaração da variável no programa, seja esta uma declaração explícita ou implícita. Por outro lado, as variáveis *heap* têm vinculação do seu atributo de espaço de memória mediante um comando de alocação explícita da variável no decorrer da execução do programa. Neste último caso, a vinculação de armazenamento é realizada de forma explícita com o comando de alocação de memória, enquanto nos outros casos a vinculação do atributo de armazenamento é realizada implicitamente junto com a declaração da variável.

5.1.2 Tempo de Vinculação

Além da forma de vinculações relativa aos tipos e variáveis, uma outra característica importante no projeto das linguagens é **quando** as vinculações são realizadas. Uma vinculação é dita **estática** se ocorrer antes do tempo de execução e permanecer inalterada ao longo da execução do programa. Por outro lado, ela é dita **dinâmica** se ocorrer em tempo de execução ou se for modificada ao longo da execução.

Para os tipos predefinidos das linguagens, as vinculações aos tipos estão embutidas nos próprios processadores das linguagens e, por isso, permanecem inalterados ao longo da computação dos programas nos sistemas monomórficos (Seção 5.3). Para os novos tipos construídos pelo programador, a vinculação aos identificadores de tipos é realizada estaticamente, dado que todos esses elementos são previamente declarados e a vinculação ao identificador do tipo é realizada no momento da declaração.

Por outro lado, o tempo da vinculação de tipos às variáveis pode ser **estático** ou **dinâmico**. Nas linguagens com vinculação estática de tipo, as variáveis têm seus tipos definidos em tempo de compilação. A maioria das linguagens que possui declaração explícita de tipos tem vinculação estática de tipos. Algumas linguagens com declaração implícita de tipos como Fortran também definem os tipos das variáveis estaticamente.

Em linguagens com vinculação de tipos estática, as operações realizadas sobre as variáveis podem também ser verificadas com relação aos tipos em tempo de compilação. Alguns possíveis erros de tipos cometidos pelo programador podem então ser detectados pelos compiladores. Vale ressaltar que algumas linguagens (ou seus processadores) fazem correções automáticas de tipos sem advertir o programador (coerção de tipos, Seção 5.4).

Em linguagens com vinculação dinâmica de tipos os valores possuem um tipo fixo, mas as variáveis ou parâmetros das funções (as quais serão vistas no Capítulo 7) não possuem um tipo predeterminado. Nestas linguagens, as variáveis podem assumir valores de tipos diferentes em diferentes estágios da computação do programa. A conseqüência disso é maior flexibilidade nestas linguagens, nas quais programas podem ser "genéricos" porque os tipos são vinculados às variáveis mediante os dados.

Exemplo 5.1 — Nas linguagens Lisp, Smalltalk, APL e SNOBOL4, por exemplo, a vinculação de uma variável a um tipo é dinâmica. Na linguagem APL, podemos ter uma mesma variável vinculada a tipos diferentes em um mesmo programa:

```
list <- 15.8 5.7 3.2   (1)
...
list <- 10             (2)
```

Em (1), `list` é um *array* de valores reais definido no momento em que a variável recebe os dados. Em um estágio posterior (2), `list` passa a ser uma variável do tipo inteiro. □

Apesar da flexibilidade do código quando a vinculação de tipos é realizada dinamicamente, existem algumas desvantagens. Primeiro, erros de mistura indevida de tipos não podem ser detectados pelo compilador, uma vez que uma mesma variável pode assumir tipos diferentes em um mesmo programa. Além disso, atribuições equivocadas podem inclusive não resultar em erros em tempo de execução, e para isso o programador precisa de um cuidado extra. Outra desvantagem está relacionada ao custo da implementação. Os tipos devem ser verificados durante a execução, o que é mais difícil e degrada o desempenho. Além disso, cada variável deve ter um descritor para manter o tipo atual, e o espaço de armazenamento também deve ser gerenciado em tempo de execução, uma vez que os vários tipos requerem espaços de memória diferenciados.

Algumas linguagens orientadas a objetos, tal como Java, realiza a vinculação de tipos estaticamente quando há declaração explícita do tipo do objeto. Contudo, alguns objetos são genéricos, podendo assumir o tipo de quaisquer objetos. Neste caso, faz-se necessária a vinculação dinâmica de tipos. Como objetos são mais que simples valores, discutiremos tais vinculações apenas no Capítulo 10. Algumas outras linguagens (funcionais), tais como SML, Miranda e Haskell, possuem um mecanismo de inferência de tipos (a ser discutido na Seção 5.4) que podem determinar tipos da maioria das expressões sem que o programador precise determinar os tipos dos parâmetros ou variáveis.

5.2 ESCOPO *VERSUS* VINCULAÇÕES

Um outro conceito relacionado à vinculação é o **escopo** dos elementos das linguagens, ou seja, quais os elementos da linguagem que são **visíveis** nas várias partes dos programas. Uma variável é visível em uma parte do programa se esta pode ser acessada naquela parte; tem os seus atributos vinculados naquele trecho do programa. As regras de escopo de uma linguagem determinam como uma ocorrência particular de um nome está associada à variável. Portanto, o conhecimento destas regras nos habilita a ler e escrever programas nas linguagens.

A maioria das linguagens de programação possui mecanismos para a definição de subprogramas, e em algumas podemos ter blocos que delimitam que todos os elementos ali definidos sejam apenas vistos naquele dado escopo. Assim, os blocos podem ser vistos como delimitadores de escopo. Para efeito de estudos de escopo de elementos vinculáveis em linguagens de programação, podemos considerar os subprogramas como blocos com características especiais de passagem de parâmetros.

Uma dada variável é dita **local** se está definida, e por isso só pode ser usada, dentro de um bloco do programa. Em contrapartida, as variáveis são ditas **não-locais** se são usadas dentro de um bloco do programa, mas foram definidas em um bloco mais externo. Dessa forma, as variáveis podem ser definidas e usadas dentro de um mesmo bloco ou ainda definidas e usadas em blocos distintos; as regras de escopo das linguagens definem como as variáveis (e todos os outros identificadores) podem ser usadas.

Um dado programa pode ter um único bloco. Neste caso, todas as variáveis são locais a esse bloco e, por isso, podem ser usadas como variáveis locais. Na maioria das vezes, o programador divide os seus programas em blocos distintos, os quais podem ser disjuntos ou aninhados[1]. As regras gerais para visibilidade dos identificadores permitem que todas as variáveis locais sejam visíveis nos blocos aonde foram declaradas, e além disso, podem ser vistas como variáveis não-locais nos blocos mais internos ao qual a dada variável foi declarada.

Quando uma mesma variável é declarada em blocos aninhados, a regra de escopo determina que a variável a ser considerada seja a de maior proximidade de declaração. Dessa forma, a variável local, ou do aninhamento mais próximo é usada.

Neste ponto, cabe-nos fazer uma distinção entre a declaração de um bloco, ou a vinculação do bloco, e a aplicação de um bloco quando o mesmo é um subprograma (a chamada de uma função por exemplo). A idéia de variáveis não-locais efetivamente usadas na aplicação de blocos depende se a vinculação do escopo é **estática** ou **dinâmica**. Considere o exemplo abaixo, para em seguida discutirmos a diferença entre os escopos estáticos e dinâmicos.

Exemplo 5.2 — Dado um programa, com subprogramas, em uma linguagem esquemática:

```
program main;
  var x : integer;              (1)
  procedure sub1;
    var x: integer;             (2)
    begin
     ...x...;                   (3)
    end; {sub1}
```

---

[1] Vale salientar que linguagens como C, C++ e Java não permitem aninhamento de subprograma — um subprograma definido dentro de outro.

```
procedure sub2;
  begin
  sub1;
  ...x...;                        (4)
  end; {sub2}
begin {main}
...
end. {main}
```

Como podemos ver, a variável x é definida no subprograma `sub1` (2) e no programa principal (1). O uso desta variável no subprograma `sub1` (3) usará a definição local, assim como no programa principal a declaração da variável no programa principal será usada. Contudo, o uso de x no subprograma `sub2` (4) depende da vinculação de escopos, discutido a seguir. □

Escopo estático: para as linguagens com escopo estático, a relação entre os blocos é realizada em tempo de compilação. No exemplo acima temos o programa principal (`main`) e os subprogramas `sub1` e `sub2` são blocos dentro do programa principal. As regras de escopo têm como princípio o uso das declarações do escopo mais interno para o mais externo respeitando a ordem de hierarquia dos blocos.

A variável x do exemplo acima é declarada tanto no programa principal quanto no subprograma `sub1`. O uso desta no subprograma `sub1` será obviamente a variável x declarada nele próprio, e a mesma relação se aplica ao programa principal. Mas qual x será usado no subprograma `sub2`? No caso do escopo estático, quando uma variável não é declarada no próprio bloco, o escopo de escrita imediatamente externo a ele é considerado, o bloco pai (pai-estático), e assim sucessivamente com os seus ancestrais até que seja encontrada uma declaração da variável. No exemplo acima, como `sub2` é um subprograma (um sub-bloco) de `main`, o x do `main` será considerado por estar no bloco pai do subprograma `sub2`. Note que esta é uma hierarquia sintática de blocos.

Escopo dinâmico: para as linguagens com escopo dinâmico, a vinculação das variáveis ao escopo é realizada em tempo de execução. Apesar da estratégia de procura pelas declarações de variáveis seguir a ordem de hierarquia de blocos para as variáveis não-locais, a idéia de escopo dinâmico está relacionada ao pai-dinâmico e não pai-estático como no caso anterior. O pai-dinâmico é definido pela proximidade de uso na seqüência da computação, ou seja, a última declaração em tempo de execução.

No exemplo acima, o subprograma `sub2` está estaticamente definido como sub-bloco do `main`, mas o uso da variável x dentro do `sub2` é posterior à chamada do subprograma `sub1`. O x vinculado ao escopo de `sub2` neste ponto do programa é o último x usado, o x declarado em `sub1`. Assim, no escopo dinâmico, as variáveis vinculadas ao escopo dependem da ordem de execução do programa, ao invés da ordem de declaração de blocos.

O efeito do uso de escopo dinâmico sobre a programação deve ser observado. Se uma variável é local ao bloco, então o uso da dada variável no bloco será sempre vinculado àquela local. Contudo, se a variável for não-local, a sua vinculação depende da ordem de execução, a última vinculada na execução. A conseqüência disso é que em um mesmo bloco de comandos, um identificador pode ter significados diferentes, e o programador precisa ter a idéia precisa de qual variável está sendo usada.

A vinculação de escopo nas linguagens de programação determina o significado dos programas naquela linguagem, e é imprescindível ao entendimento dos programas. Apesar de trazer mais flexibilidade de programação, o escopo dinâmico carrega alguns problemas relativos à legibilidade e eficiência dos programas, uma vez que não podem ser determinados em tempo de compilação. Por essa razão a grande maioria das linguagens de programação adota o escopo estático. A linguagem Lisp que inicialmente adotava o escopo dinâmico, tem vários de seus processadores atuais adotando o escopo estático.

Aqui discutimos apenas as idéias de vinculação de variáveis a escopos, mas estas são semelhantes para a vinculação dos outros elementos vinculáveis na linguagens de programação. Os escopos destes elementos serão discutidos à medida que forem apresentados.

5.3 SISTEMA DE TIPOS

Na maioria das linguagens, as declarações de variáveis, constantes e parâmetros de funções são definidas com um único tipo; não há alternativa para os tipos definidos. Em particular, como já visto anteriormente, a vinculação de tipos às variáveis é realizada de forma estática na maioria das linguagens. Em casos como estes, a verificação de tipos é feita de forma trivial. Estes sistemas de tipo são chamados de **monomórficos**.

Contudo, sistemas de tipo puramente monomórficos são insatisfatórios principalmente quando temos como objetivo a reutilização de software. Muitos dos algoritmos que descrevemos poderiam ser usados com diferentes tipos — os chamados algoritmos genéricos. Para sistemas de tipo puramente monomórficos, os algoritmos devem ser reescritos para cada um dos tipos. Além dos algoritmos, temos comumente estruturas de dados que poderiam ser descritas independentemente dos tipos, tais como listas, pilhas e filas. Mais uma vez, estas estruturas devem ser reescritas para cada tipo em particular em linguagens com sistemas de tipo monomórficos.

Sistemas de tipo de linguagens que permitam formas mais gerais de descrição de algoritmos e estruturas precisam embutir conceitos como **em sobrecarga** (tradução do inglês *overloading*), que é a capacidade de um identificador denotar várias abstrações ao mesmo tempo; e **polimorfismo**, onde abstrações dão um tratamento uniforme a valores de diferentes tipos. Estes conceitos serão vistos em detalhes nas seções que seguem.

5.3.1 Monomorfismo

Uma linguagem tem um sistema de tipos monomórficos quando cada elemento declarado na linguagem possui um único tipo. A maioria das linguagens de programação imperativas possui um sistema de tipos monomórficos.

Um exemplo de tipos monomórficos são as constantes, variáveis, parâmetros e resultados de funções nas linguagens Pascal e C. Cada um destes elementos possui um tipo determinado na própria declaração, o qual não pode ser modificado em tempo de compilação ou execução.

Exemplo 5.3 — Uma estrutura de pilha de inteiros e outra de caracteres podem ser definidas na linguagem Pascal, como:

```
type   stackint = ^intnode;
       intnode  = record
                     elem : Integer;
                     next : ^stackint;
                  end;


type   stackchar = ^charnode;
       charnode  = record
                      elem : Char;
                      next : ^stackchar;
                   end;
```

Neste caso, duas estruturas de pilha precisaram ser definidas, uma para caracteres e outra para inteiros, porque a linguagem não permite que a estrutura seja definida para um tipo genérico e depois instanciado para caracteres ou inteiros. □

Da mesma forma, estas estruturas também devem ser duplicadas na linguagem C, apesar de representarem um mesmo elemento estrutural, e de várias das operações sobre elas serem independentes dos dados.

Exemplo 5.4 — As pilhas de inteiros e caracteres podem ser definidas na linguagem C como segue:

```
struct stackint  {int elem ;
                  struct stackint *next;
                 }


struct stackchar {char elem ;
                  struct stackchar *next;
                 }
```
□

Operações sobre pilhas tais como push e pop, que inserem e retiram um elemento da pilha respectivamente, independem do valor guardado, interessa apenas de que forma a pilha está sendo tratada. Assim, o tratamento dado a uma pilha de inteiros para a inserção de um novo elemento é semelhante ao tratamento dado à inserção de um elemento na pilha de caracteres, a menos do tipo dos elementos da pilha. Contudo, para as pilhas de caracteres e as pilhas de inteiros definidas acima tais operações também precisam ser definidas em separado.

Tal repetição de código para algoritmos semelhantes se dá porque as linguagens Pascal e C são primordialmente monomórficas, com exceção de alguns operadores predefinidos nas linguagens. Em Pascal e C, por exemplo, todos os tipos de parâmetros e resultados de funções definidas pelo programador devem ser fixados na definição da função. Isso faz com que as abstrações definidas pelos programadores sejam puramente monomórficas nestas linguagens. Não significa, contudo, que estas linguagens sejam puramente monomórficas; algumas das abstrações predefinidas nas linguagens não são monomórficas. O comando write em Pascal, por exemplo, imprime valores de diversos tipos, não respeitando desta forma a característica de uniformidade da linguagem. Este é um caso típico de *sobrecarga*.

5.3.2 Sobrecarga

A sobrecarga é o uso de um mesmo identificador para operações diferentes, ou seja um mesmo identificador pode denotar comportamentos distintos. Como citado acima, o write(E) pode ser usado para imprimir inteiros, caracteres, etc, depende do tipo do argumento E. Assim, usamos um mesmo nome de comando com serviços distintos: de imprimir caracteres, de imprimir inteiros, etc. apesar de subjetivamente denotarem um mesmo serviço.

A sobrecarga de operadores é um auxílio à programação, como é o caso dos operadores aritméticos da maioria das linguagens. Os operadores de soma (+) e subtração (−), por exemplo, são usados tanto para números inteiros quanto reais na maioria das linguagens, sem comprometer a legibilidade dos programas. Por outro lado, o operador "−" é também usado em Pascal para denotar a diferença de conjuntos, o que pode dificultar a legibilidade de programas em alguns casos. Da mesma forma, o &, na linguagem C, pode representar apontadores ou ainda o AND lógico quando duplicado (&&). Note que a sobrecarga de operadores, apesar de ser um auxílio em vários dos casos, pode comprometer a clareza da linguagem quando usada com finalidades muito distintas, como é o caso do & na linguagem C.

Mas se um mesmo identificador pode ser usado com significados diferentes em uma mesma linguagem, como o significado apropriado pode ser identificado quando aplicado nos programas? Por exemplo, o operador "-" será interpretado como subtração de inteiros, reais ou conjuntos em uma expressão da linguagem Pascal? Depende dos operandos usados na subtração. Em outras palavras, todos os operadores aritméticos nas linguagens Pascal e C, por exemplo, são operadores sobrecarregados que dependem apenas dos operandos para sabermos qual operador será usado em cada expressão.

Além dos operadores aritméticos predefinidos na maioria das linguagens, algumas permitem declarações de abstrações com identificadores sobrecarregados. Mas neste caso, qual a abstração que será usada na execução do programa quando a aplicação de um operador sobrecarregado é realizada? Em algumas linguagens estas abstrações são **independentes de contexto**, enquanto outros dependem de onde são aplicados, ou seja, são **dependentes de contexto**.

Sobrecarga independente de contexto: a abstração a ser aplicada depende dos tipos dos argumentos, os quais devem corresponder aos parâmetros da abstração. Nas linguagens Pascal, SML e C, por exemplo, as abstrações dependem exclusivamente dos parâmetros utilizados e não do contexto no qual estão inseridas suas aplicações. Este é o caso, por exemplo, do operador de divisão na linguagem C ("/"): a divisão de dois números inteiros terá como resultado um inteiro (truncado se for uma divisão inexata), independentemente se a variável à qual a expressão é atribuída é do tipo inteiro ou real.

Exemplo 5.5 — Na linguagem C, podemos ter uma divisão de inteiros atribuída a uma variável do tipo ponto-flutuante:

```
...
int a, b;
float x;
...
x = a / b;
```

No caso acima, o valor de x será um real que corresponde à parte inteira da divisão de a por b porque os operandos da divisão são valores inteiros (a divisão de inteiros será aplicada). Quando uma divisão de números reais é necessária mesmo que os operandos sejam valores inteiros, uma conversão explícita de tipos se faz necessário:

```
...
x = (float) a / (float) b;
```

Na conversão acima, o operador "/" a ser usado passa a ser o de divisão de ponto-flutuante porque os operandos são convertidos para ponto-flutuante antes da aplicação do operador. Note que neste caso uma conversão foi aplicada explicitamente, e o operador de divisão continua independente de contexto (depende apenas dos operandos). □

De forma geral, para linguagens que permitem sobrecarga independente de contexto, deve-se ter uma forma de identificar qual operador (abstração) a ser usada quando esta é aplicada no programa. Para isso, temos a seguinte regra [44]:

Definição 5.1 — *Suponha duas funções distintas, $f1: S1 \to T1$ e $f2: S2 \to T2$. Para linguagens que permitem apenas sobrecarga de operadores* **independentes de contexto**, *estas duas funções podem usar um mesmo identificador I se S1 e S2 são tipos distintos. Assim, a aplicação $I(E)$ usará a função $f1$ se E for do tipo S1, e $f2$ se E for do tipo S2.*

Note que desta forma podemos identificar a abstração a ser usada por causa do tipo dos argumentos usados. Este é o caso do operador de divisão mostrado no exemplo acima, no qual identificamos se o operador a ser aplicado é de divisão de inteiros ou reais dependendo única e exclusivamente dos operandos.

Vale salientar que nas linguagens Pascal, SML e C, apenas abstrações construídas na própria linguagem podem ser sobrecarregadas, não há como construí-las. Por outro lado, C++ e Fortran 90 permitem a criação de novas funções para a linguagem, mesmo que sobrecarreguem operadores da própria linguagem. Em Java os operadores predefinidos não podem ser sobrecarregados.

Além de sobrecarga de operadores preexistentes, as linguagens C++, Fortran 90 e Java permitem a sobrecarga das abstrações construídas pelo programador, desde que respeite as regras de independência de contexto.

Sobrecarga dependente de contexto: a abstração a ser aplicada (função/operador) depende não só do tipo dos operandos a serem aplicados, mas também do tipo do resultado esperado na expressão aonde está sendo aplicado. Este é o caso, por exemplo, da linguagem Ada, onde podemos sobrecarregar o operador de divisão ("/") e este depende não apenas dos operandos, mas também do tipo da variável para quem o resultado da divisão está sendo atribuído.

Exemplo 5.6 — Definimos abaixo um pseudocódigo na linguagem Ada, onde um novo operador de divisão é definido e em seguida é aplicado para a divisão de inteiros.

```
...
function ''/'' (m, n :Integer) return Float is
begin
return Float(m) / Float(n);
end;
...
a, b, n : Integer;
x: Float;
...
x = a / b;    (1) {divisão de reais -
                   uso do operador ''/'' predefinido}
n = a / b;    (2) {divisão de inteiros -
                   uso do operador ''/'' novo}
...
```

O operador de divisão está predefinido e sobrecarregado em Ada, assim como nas outras linguagens. Aqui mostramos mais uma sobrecarga definida pelo programador que recebe dois números inteiros como argumento e realiza uma divisão de números reais, tendo o resultado deste último tipo. A aplicação do operador de divisão mostra em (1) o operador de divisão de inteiros predefinido na linguagem sendo usado, enquanto em (2) o novo operador é usado. □

Além da sobrecarga de operadores preexistentes, como mostrado no exemplo acima, Ada permite a criação de funções que podem ser distinguidas tanto por seus parâmetros quanto pelo seu resultado. No caso de subprogramas (sem resultado), estes devem ter parâmetros com tipos distintos.

De uma forma geral, à sobrecarga dependente de contexto também devem ser impostas algumas restrições para que a sua aplicação possa distinguir qual serviço usar.

Definição 5.2 — *Suponha duas funções distintas, $f1: S1 \to T1$ e $f2: S2 \to T2$. Para linguagens que permitem sobrecarga de operadores* **dependentes de contexto**, *estas duas funções podem usar um mesmo identificador I se $S1$ e $S2$ são tipos distintos, ou $T1$ e $T2$ são distintos.*

No caso acima, se $S1$ e $S2$ são tipos distintos, a aplicação $I(E)$ usará apenas os argumentos para decidir a função a ser aplicada. Contudo, se $S1$ e $S2$ são o mesmo tipo, a aplicação

I(E) usará a função *f*1 se *I(E)* estiver em um contexto que requer um tipo *T*1 (atribuição do resultado a uma variável do tipo *T*1, por exemplo). Por outro lado, a função *f*2 será usada se *I(E)* estiver em um contexto onde *T*2 é exigido. Note que esta é uma forma mais abrangente de sobrecarga de operadores se comparada à independente de contexto.

5.3.3 Polimorfismo

Em um sistema de tipos polimórficos, as abstrações operam de maneira uniforme sobre argumentos de famílias de tipos relacionados.

Nós devemos ter o cuidado de não confundir os conceitos de sobrecarga de tipos e polimorfismo. Na sobrecarga, usamos um mesmo identificador para oferecer um conjunto de abstrações; e estas abstrações não precisam estar necessariamente relacionadas. Este é o caso do operador "-" usado em Pascal para subtração de números inteiros, reais e ainda diferença de conjuntos; tais abstrações são substancialmente diferentes. Enquanto isso, o polimorfismo é uma propriedade que tem de uma única abstração ser usada para uma família de tipos; a abstração funciona de uma única forma, independentemente do tipo em uso. E, para isso, os tipos usados na aplicação de tal abstração estão relacionados.

Exemplo 5.7 — A função que verifica o final de arquivo predefinida na linguagem Pascal, eof, recebe como argumento uma variável de arquivo de qualquer tipo, e gera como resultado um valor-verdade (booleano), o qual é o resultado de teste de final de arquivo. Independentemente do tipo dos valores inseridos no arquivo, esta função opera de maneira uniforme apenas testando o final de arquivo. □

Outro aspecto que devemos ressaltar sobre polimorfismo é que este conceito aumenta a expressividade da linguagem. Enquanto na sobrecarga de abstrações os identificadores podem ser renomeados e isso não acrescenta expressividade na linguagem, o polimorfismo enriquece a linguagem com o poder de se ter tratamento genérico para uma família de tipos, o que aumenta flexibilidade e reutilização de código na linguagem.

O polimorfismo pode ser aplicado a diferentes tipos de abstrações das linguagens. Podemos ter o polimorfismo sobre abstrações de processos (funções genéricas), polimorfismo sobre tipos (tipos parametrizados ou politipos).

Polimorfismo de abstrações: várias linguagens funcionais, tal como SML, embutem o conceito de polimorfismo para a definição de funções. Podemos definir funções com um tipo determinado, ou ainda deixar os parâmetros de uma função sem um tipo determinado.

Exemplo 5.8 — Uma função que recebe dois números inteiros e tem como resultado o segundo deles pode ser definida em SML como segue:

```
fun segundoint (x: int, y:int) = y
```

Esta função é do tipo `segundoint: (inteiro × inteiro) → inteiro`. Assim, apenas argumentos do tipo inteiro podem ser aplicados a esta função. Poderíamos, contudo, ter uma função que dá como resultado o segundo argumento para quaisquer tipos, inclusive para argumentos de tipos distintos. A função acima pode então ser redefinida para ser aplicada a argumentos de quaisquer tipos:

```
fun segundo (x, y) = y
```

A função agora é do tipo `segundo: (α × γ) → γ` e pode ser aplicada a argumentos de quaisquer tipos, tais como `segundo(2,a)`, `segundo("maria", "clara")` e `segundo(2.5,true)`. □

Os tipos genéricos α e γ, chamados de **politipos**, são instanciados com os tipos dos argumentos mediante a aplicação da função. Em cada uma das aplicações da função `segundo` acima, os politipos foram instanciados com tipos diferentes: (inteiro × caracter) → caracter, (string × string) → string e (real × booleano) → booleano respectivamente.

A quantidade de aplicações a diferentes tipos que uma função polimórfica pode ser aplicada corresponde à substituição sistemática por todas as possíveis instâncias de tipos que podem ser aplicados.

Tipos parametrizados: além de abstrações polimórficas, podemos ter tipos que possuem um outro tipo como parâmetro, e assim uma definição de tipo passa a ser polimórfica. É comum nas linguagens de programação atuais termos construções tais como *arrays*. Com estas construções predefinidas das linguagens podemos construir *arrays* de números inteiros, números reais, caracteres, etc. Assim, podemos construir novos tipos a partir dos tipos existentes. Os *arrays* são na verdade um tipo genérico que possui um outro parâmetro como tipo, o qual pode ser instanciado por outros tipos predefinidos na maioria das linguagens.

Um outro exemplo do uso de tipos parametrizados são os conjuntos encontrados em Pascal, Modula-2 e Modula-3. Da mesma forma como os *arrays*, definimos conjuntos de algum tipo (`set of real`, por exemplo), o que caracteriza um tipo parametrizado.

Na maioria das linguagens atuais que possuem um sistema de tipos monomórficos, apenas para elementos predefinidos na linguagem podemos ter parametrização de tipos, como discutido acima. Apenas linguagens que possuem o conceito de polimorfismo como princípio, tal como SML e as linguagens orientadas a objetos possuem mecanismos para definição de tipos paramétricos. A construção de tipos paramétricos está relacionada ao conceito de abstrações nas linguagens de programação, o qual será discutido em detalhes no Capítulo 7.

A maioria das linguagens de programação atuais é monomórfica para a construção de novos elementos nos programas. Contudo, isso não significa que essas linguagens são puramente monomórficas, a maioria embute sobrecarga e polimorfismo para elementos predefinidos da linguagem, como ilustrado acima. Sob o ponto de vista de projeto de linguagens de programação, estas possuem sistemas de tipos inconsistentes, pois dão tratamento diferenciado aos elementos predefinidos na linguagem e pelo programador. Estas limitações de polimorfismo são em geral guiadas pelas dificuldades ou baixa eficiência de implementações. Discutimos nas seções que seguem alguns destes aspectos relacionados à verificação de tipos.

O polimorfismo é um dos princípios do paradigma de orientação a objetos e será melhor descrito no Capítulo 10 sob a luz do paradigma e os outros conceitos envolvidos. Aqui, vale apenas salientar que as várias linguagens de programação orientadas a objetos possuem mecanismos para criação de abstrações de processos e tipos polimórficos. Além destas, a linguagens Ada e SML também possuem um sistema de tipos polimórficos tanto para abstrações quanto para tipos.

Um outro aspecto que precisamos observar para os sistemas de tipos é o tempo de vinculação das variáveis com tipos monomórficos ou polimórficos. Quando uma linguagem possui construções dos programadores puramente monomórficas, os tipos podem ser vinculados às variáveis de forma estática. Contudo, quando tipos polimórficos, ou pelo menos sobrecarregados, podem ser construídos pelos programadores, algumas das vinculações dependem dos dados usados, e aí só podem ser realizadas em tempo de execução dos programas (vinculação dinâmica).

5.4 VERIFICAÇÃO DE TIPOS

A **verificação de tipos** é a atividade de assegurar que os operandos sejam de tipos compatíveis. Um tipo é **equivalente} (ou compatível**) quando ele é válido para o operador ou tem permissão, segundo as regras da linguagem, para ser convertido automaticamente para um tipo válido (**coerção de tipos**). Um **erro de tipo** é tipicamente o uso indevido de operadores com operandos.

Se todas as vinculações a tipos forem realizadas de forma estática na linguagem, então a verificação de tipos pode ser feita estaticamente, em tempo de compilação. Se, contudo, houver vinculação dinâmica de tipos na linguagem, os tipos precisam ser também verificados em tempo de execução. APL, SNOBOL4 e Smalltalk são exemplos de linguagens que precisam de verificação dinâmica de tipos dado que possuem vinculação dinâmica de tipos.

O custo da verificação puramente estática é menor que a dinâmica, mas a vinculação dinâmica permite mais flexibilidade. Além disso, nem todos os erros de tipo podem ser detectados pela verificação estática de tipos. Em linguagens que fornecem tipos que representem a união disjunta, tais como C, C++, Pascal e Fortran, não há como verificar os tipos relacionados a estas variáveis estaticamente, mesmo que a verificação de tipos dos outros tipos de variáveis seja realizada estaticamente, o que é o caso das linguagens aqui mencionadas.

5.4.1 Equivalência de Tipos

A forma mais simples de compatibilidade de tipos pode ser definida pela equivalência de nomes. Dizemos que duas variáveis têm compatibilidade de nomes, se elas são declaradas com o mesmo tipo (mesmo nome de tipo). Sob este ponto de vista, a equivalência de tipos é definida como segue:

Definição 5.3 — *Dados dois tipos de dados T e T', eles são ditos* **nominalmente equivalentes**, *se e somente se T = T' (mesmo nome, definido no mesmo local).*

Se em uma dada linguagem a equivalência de tipos é definida por sua equivalência nominal, então cada novo tipo só pode ser equivalente a ele próprio.

Exemplo 5.9 — Suponha a definição de duas variáveis com tipos diferentes na linguagem Pascal:

```
type Int1 = Integer;
     Int2 = Integer;
var v1: Int1;
    v2: Int2;
...
```

Quando a equivalência de nomes é considerada, as variáveis v1 e v2 não possuem tipos equivalentes, dado que são declaradas por tipos nominalmente diferentes: tipos definidos em locais diferentes (apesar de possuírem o mesmo tipo base). □

É comum termos em programas um operador que espera receber operandos de um dado tipo T que, em vez disso, recebe operandos do tipo T' como mostra o exemplo abaixo.

Exemplo 5.10 — Considere o seguinte trecho de código na linguagem C:

```
int i;      {Tipo T }
float f1, f2; {Tipo T'}
...
f1 = i + f2;
^    ^   ^
T'   T   T'    {Tipos dos operandos acima}
```

No caso acima, o operador + é usado com operandos de tipos diferentes; um inteiro e outro de ponto-flutuante. □

Quando tal operação é verificada quanto ao tipo, pode-se simplesmente notificar que tais operandos não são do mesmo tipo. Outra alternativa seria verificar se os tipos T e T' são equivalentes, denotado por $T \equiv T'$. Contudo, o conceito de equivalência de tipos varia entre linguagens de programação.

Certas linguagens usam a relação de **equivalência estrutural**:

Definição 5.4 — *Dados dois tipos de dados T e T', eles são ditos **estruturalmente equivalentes**}, escrito por $T \equiv T'$, se e somente se T e T' têm o mesmo conjunto de valores.*

A equivalência estrutural é assim chamada porque para a maioria dos tipos seria impossível verificar cada um dos valores, dado que grande parte deles constitui um conjunto infinito de valores. Então, a forma de verificar a equivalência de tipos é através da redução dos tipos para os elementos base.

Exemplo 5.11 — Suponha uma linguagem com os tipos definidos em termos de produto cartesiano, união disjunta e mapeamentos. A equivalência de tipos (T e T') pode ser verificada como segue [44]:

- T e T' são tipos primitivos. Então, $T \equiv T'$ se e somente se T e T' são idênticos.
- $T = A \times B$ e $T' = A' \times B'$. Então, $T \equiv T'$ se e somente se $A \equiv A'$ e $B \equiv B'$.
- $T = A + B$ e $T' = A' + B'$. Então, $T \equiv T'$ se e somente se $A \equiv A'$ e $B \equiv B'$ ou $A \equiv B'$ e $B \equiv A'$.
- $T = A \rightarrow B$ e $T' = A' \rightarrow B'$. Então, $T \equiv T'$ se e somente se $A \equiv T'$ e $B \equiv B'$.
- para quaisquer outros casos, T e T' não são equivalentes. □

Apesar das regras acima serem simples, a verificação de tipos pela equivalência estrutural pode ser complexa quando a definição de tipos recursivos é permitida.

Grande parte das linguagens atuais utiliza uma mistura destas duas abordagens para a equivalência de tipos. A *ISO Standard Pascal*, por exemplo, define as regras de sua compatibilidade de tipos na qual a maioria é definida por equivalência nominal de tipos, mas tipos podem ser definidos por nomes de outros tipos, e neste caso são considerados equivalentes (a chamada **equivalência de declaração**).

Exemplo 5.12 — Suponha agora um tipo inteiro definido a partir de outro, o que é o caso de Int2 abaixo:

```
type Int1 = Integer;
     Int2 = Int1;
...
```

neste caso, as variáveis definidas por quaisquer dos tipos acima possuem tipos equivalentes.
□

Note que, apesar dessa flexibilidade facilitar em muitos casos a programação, nem sempre o programador deseja que elementos de novos tipos definidos possam trocar valores entre si. Em geral, novos tipos são definidos para propósitos específicos de modelagem do problema. Então, a troca de valores de variáveis com tipos diferentes pode retratar um uso equivocado das variáveis nos programas.

A linguagem Ada usa equivalência de nomes na sua verificação de tipos, mas provê a criação de subtipos e tipos derivados, os quais denotam explicitamente a relação entre tipos. Quando dois tipos são derivados de um outro, eles são incompatíveis entre si. Mas quando um tipo é um subtipo de outro, variáveis definidas como do subtipo são compatíveis com variáveis definidas como do tipo que deu origem. Desta forma, existe uma flexibilidade de tipos explicitamente controlada pelo programador.

A linguagem C usa equivalência estrutural para todos os tipos, exceto para as estruturas (`struct` e `union`), neste caso a equivalência de declarações é utilizada. Contudo, quando duas estruturas são definidas em arquivos distintos, a equivalência estrutural é utilizada.

As linguagens orientadas a objetos, tais como C++ e Java, fornecem compatibilidade de objetos, o que depende da relação de hierarquia entre os objetos. Tal questão será apenas discutida no Capítulo 7.

Uma outra forma de tornar compatíveis os tipos dos operandos ao do operador, e vastamente usada nas linguagens de programação atuais é a chamada **coerção** de tipos. Este mecanismo usado nas linguagens faz um mapeamento de valores de um dado tipo para valores de um outro tipo automaticamente. Na linguagem Pascal, por exemplo, a função `sqrt` é definida para número reais, mas se um valor inteiro for passado como argumento, este é automaticamente transformado para um valor real correspondente. Apesar de parecer uma facilidade de programação, a coerção de tipos não é clara para o mapeamento de valores de qualquer tipo, além disso é incompatível com os conceitos de sobrecarga e polimorfismo requeridos nas linguagens de programação atuais. Dados esses fatores, as linguagens modernas evitam o uso de coerção de tipos o quanto possível. Esta só é permitida quando os mapeamentos de valores entre os tipos é clara e não se contra-põe aos outros conceitos embutidos nas linguagens.

5.4.2 Inferência de Tipos

Para linguagens que declaram explicitamente os tipos das suas variáveis, cada variável pode ser associada a um tipo proveniente de tal declaração. Vimos que esta vinculação tanto pode ser realizada em tempo de compilação quanto em tempo de execução. Algumas linguagens, contudo, não possuem declaração explícita dos tipos associados aos identificadores, mas mesmo assim ainda podem ser inferidos a partir de expressões e os operadores usados.

Um exemplo típico de uma linguagem que emprega o mecanismo de inferência de tipos é a linguagem SML. Esta é tipicamente uma linguagem funcional (na sua versão mais pura) que embute algumas características imperativas. Nela, a maioria das expressões pode ter seus tipos determinados a partir de seus operadores, uma vez que a linguagem permite que parâmetros e variáveis sejam usados sem um tipo previamente declarado.

Exemplo 5.13 — Uma função que calcula a circunferência de um círculo, dado o raio, pode ser definida como:

```
fun circunf(r) = 3.14 * r * r;
```

Na função acima, o tipo de r não foi declarado, mas mesmo assim pode ser inferido. Como uma constante de número real é utilizada na expressão, o sistema de inferência de tipos pode concluir que os outros elementos da expressão são também números reais. Desta forma, conclui-se que a função recebe um argumento do tipo real e produz como resultado um valor do tipo real. Em outras palavras, o compilador é capaz de verificar que esta é uma função com um único tipo, circunf: real → real. □

Os politipos também podem ser inferidos pelo sistema de verificação de tipos. A função segundo definida anteriormente pode ter seus politipos detectados pelo sistema de inferência.

Exemplo 5.14 — Uma função que dá como resultado o segundo argumento para quaisquer tipos, inclusive para argumentos de tipos distintos, pode ser definida como segue:

```
fun segundo (x, y) = y
```

A função é do tipo segundo: ($\alpha \times \gamma$) → γ, ou seja, politipos denotados pelos elementos genéricos α e γ. □

Da mesma forma, várias outras expressões podem ter seus tipos inferidos a partir dos operadores. SML rejeita, contudo, expressões para as quais os tipos não possam ser inferidos.

Exemplo 5.15 — Uma função que calcula o quadrado de um número:

```
fun quadrado(x) = x * x;         {definição ERRADA}
```

Na função acima o tipo de x não foi declarado. O sistema tenta então "descobrir" o tipo pela expressão. Contudo, como o operador * pode tanto ser usado para números inteiros quanto para números reais, o sistema de inferência de tipos não consegue decidir qual destes tipos deve ser usado. Por outro lado, não se pode usar esta mesma operação para caracteres ou ainda para listas, o que descaracteriza que o tipo possa ser algo genérico. Desta forma, o sistema rejeita esta definição porque não há como decidir os seus tipos. □

Em contrapartida, a definição da função quadrado acima seria aceita se o tipo do parâmetro fosse definido.

Exemplo 5.16 — Uma função que calcula o quadrado de um número inteiro:

```
fun quadrado1(x: int) = x * x;
```

Como na função acima o tipo de x é inteiro, o sistema de tipos conclui que esta é uma função que recebe um valor inteiro e produz como resultado um valor inteiro. As formas seguintes também são aceitas pela linguagem:

```
fun quadrado2(x) = (x:int) * x;
fun quadrado3(x) = x * (x:int);
fun quadrado4(x) = (x:int) * (x:int);
```
□

As linguagens funcionais Haskell e Miranda também possuem um sistema de inferência de tipos.

Note que este mecanismo de inferência de tipos difere das regras predefinidas em Fortran que relaciona o nome da variável a um tipo predefinido (Seção 5.1.1). No caso dessas linguagens funcionais, o sistema precisa decidir o tipo como politipo, quando as abstrações são polimórficas, ou de um tipo específico dependendo de como os parâmetros são usados dentro da função.

5.5 LINGUAGENS FORTEMENTE TIPIFICADAS

Uma das características importantes para uma linguagem de programação diz respeito à forma como ela está definida para verificar os tipos de dados. A não verificação, ou ainda a verificação inapropriada, dos tipos de dados em uma expressão da linguagem pode conduzir o programador a resultados equivocados e muitas vezes imperceptível. Uso inadequado ou mistura de tipos pode gerar resultados errados em uma operação aritmética, por exemplo. Dessa forma, a partir dos anos 70, — junto com a programação estruturada —, veio a idéia de linguagens **fortemente tipificadas** como aquelas que podem reconhecer todos os erros de tipo. Assim, o programador é advertido dos problemas relativos a tipos dos seus programas, seja em tempo de compilação ou execução.

Se cada identificador em uma linguagem é associado exclusivamente a um único tipo e todos os tipos são vinculados estaticamente, então o tipo de cada identificador pode ser reconhecido em tempo de compilação. Mesmo podendo reconhecer os tipos associados a cada identificador, a localização do armazenamento à qual o identificador está associado pode armazenar valores de diferentes tipos em diferentes tempos. Considerando o requisito de linguagens fortemente tipificadas, os tipos de todos os operandos devem ser determinados durante a compilação ou em tempo de execução, e permitir a detecção, em tempo de execução, da utilização de valores de tipos incorretos em variáveis que podem armazenar valores de mais de um tipo.

Fortran, por exemplo, não é fortemente tipificada porque a relação entre parâmetros reais e formais não é verificada quanto ao tipo. Além disso, esta linguagem permite que uma variável (com o uso de EQUIVALENCE) de um tipo refira-se ao valor diferente, sem que o sistema seja capaz de verificar o tipo do valor quando uma variável é referenciada ou atribuída.

As linguagens Pascal e Modula-2 são quase fortemente tipificadas, salvo o uso da união disjunta (Seção 4.2.2.2). Uma variável do tipo união disjunta é definido por um registro com o descriminador, o qual é usado para verificar se a variável usada corresponde ao tipo usado no dado estágio da computação do programa. Contudo, a linguagem permite que o tipo seja omitido, e assim nenhuma verificação será realizada em tempo de execução.

As linguagens C e C++ não são fortemente tipificadas, uma vez que permitem a existência de funções para as quais os parâmetros não são verificados quanto ao tipo. Além disso, o tipo união disjunta provido pela linguagem também permite o uso de tipos diferentes em um mesmo espaço de memória sem a devida verificação.

Diferente de Pascal, Ada pode verifica os registros variantes (união disjunta) dinamicamente. Contudo, é uma linguagem quase fortemente tipificada porque possui a função de biblioteca UNCHECKED_CONVERSION a qual permite uma suspensão temporária de tipos, burlando os princípios da tipificação forte das linguagens. Modula-3 também possui um procedimento com estes mesmos propósitos. Apesar de baseada em C e C++, Java é uma linguagem quase fortemente tipificada da mesma forma que Ada.

SML é uma linguagem fortemente tipificada. Todos os identificadores são vinculados estaticamente a partir da sua declaração, ou reconhecidos a partir de suas regras de inferência de tipos (Seção 5.4.2).

5.6 LEITURA RECOMENDADA

Os conceitos de polimorfismo, tipos abstratos e subtipos são descritos de maneira uniforme por Cardelli e Wegner em [15].

Juntamente com as teorias de tipos, vários estudos têm sido realizados sobre a implementação da verificação de tipos, seja em tempo de compilação ou de execução. Os leitores interessados no assunto podem consultar os Capítulos 6 e 7 de [2].

Inferência de tipos implementadas em SML e Miranda estão descritas em [48] e [13] respectivamente.

5.7 EXERCÍCIOS

1. Verifique se a vinculação de tipos é estática ou dinâmica na sua linguagem favorita. E a vinculação de armazenamento?

2. Explique a relação entre as variáveis *heap* e a vinculação dinâmica de tipo.

3. "A vinculação estática de tipos às variáveis pode ser implementada de forma eficiente e provê mais confiabilidade, mas a vinculação dinâmica de tipos provê mais flexibilidade". Mostre exemplos que comprovem tal afirmação. Mostre pelo menos um contra-exemplo sobre esta afirmação.

4. Suponha que uma linguagem inclua tipos enumerados definidos pelo usuário e que os valores da enumeração possam ser sobrecarregados; ou seja, o mesmo valor literal poderia aparecer em dois tipos enumerados diferentes:

    ```
    type  Cores = (vermelho, azul, amarelo);
          AlgumasCores = (vermelho, branco, verde);
    ```

    O uso do valor `vermelho` não pode ser verificado quanto ao tipo. Proponha uma forma de permitir essa verificação de tipos sem desativar essa sobrecarga completamente.

5. Considere uma linguagem em que o operador "/" (divisão) é sobrecarregado para os tipos: `int X int` $\rightarrow$ `int`, e `int X int` $\rightarrow$ `real`. O procedimento *write* também é sobrecarregado nesta linguagem para todos os tipos primitivos.

    a) Mostre um exemplo no qual o operador de divisão poderia gerar confusão de tipos.

    b) A sobrecarga de procedimentos é dependente ou independente de contexto?

6. Considere uma linguagem em que o operador "/" (divisão) é sobrecarregado para os tipos: `int X int` $\rightarrow$ `int}`, e `real X real` $\rightarrow$ `real` (assim como todos os outros operadores aritméticos). A linguagem não possui conversão de tipos int-para-real, mas os literais int (1,2,...) são sobrecarregados com os tipos int e real.

    a) Comente se a sobrecarga de literais pode ser realizada (sob quais condições), e se o sugerido acima poderia causar problemas.

    b) A sobrecarga de literais é dependente ou independente de contexto?

7. Discuta a diferença entre polimorfismo e sobrecarga de identificadores. Mostre exemplos dessa diferença.

6
Expressões e comandos

"Decide. Will you share the labor, share the work?"
Sófocles

Discutimos até o momento a importância dos tipos e variáveis como elementos responsáveis pela modelagem dos dados dos problemas reais. A partir dessa modelagem, ou representação, dos dados reais, precisamos de formas de processamento que transformem os dados originais em novos dados produzidos como resultado dos programas. Essas transformações são efetivadas por expressões e comandos. Neste capítulo mostramos expressões e comandos comuns em linguagens de programação responsáveis pela transformação dos dados. Inicialmente discutimos a idéia de estado de um programa e a computação de um programa como sucessivas transformações de estados. Em seguida, as expressões e comandos responsáveis por tais transformações são discutidos.

6.1 O PROGRAMA COMO MÁQUINA ABSTRATA

Como visto no Capítulo 2, os programas são máquinas abstratas responsáveis pela transformação de dados. Vimos também que a solução computacional para um problema requer que este tenha os seus dados modelados de forma computacional. A partir de um modelo desses dados, o programa faz processamentos que os transformam em dados resultantes, ou seja, o resultado computacional do programa.

Considerando a computação de um programa como uma máquina de transformação, podemos distinguir dois **estados** primordiais do programa: o **estado inicial** — quando nenhuma transformação sobre os dados ainda foi realizada — e o **estado final**, após todas as transformações realizadas pelo programa. A maioria dos programas, no entanto, é formada por sucessivas transformações de dados, por suas expressões e comandos. Dessa forma, podemos subdividir o programa em elementos de transformação sucessiva.

Ainda nos resta definir o que representa o estado de um programa. Se considerarmos que um programa é representado por uma função, como nas linguagens funcionais, os dados de entrada representam o estado inicial, o processamento da função representa o programa, e o resultado da função representa o estado final. Para as linguagens que possuem variáveis para "guardar" valores de dados a serem computados pelo programa, o estado é refletido pelo conjunto de variáveis (todos os seus atributos: identificador, conteúdo, etc.) e o seu fluxo de controle. O estado inicial de um programa é, portanto, caracterizado pelo conjunto de suas variáveis, com os seus respectivos conteúdos, quando a computação do programa é iniciada. Após uma primeira transformação, temos um novo estado do programa, e assim sucessivamente até o final da computação, chegando ao estado final do programa. Para programas seqüenciais, a computação de um programa é, na realidade, uma transformação sucessiva de estados.

As expressões são o recurso disponível nas linguagens de programação para a transformação de dados, alguns dados são fornecidos e um resultado obtido a partir da computação desses dados. Os comandos, por sua vez, atuam sobre o fluxo de controle e estados do programa. Nas seções que seguem, mostramos as expressões e comandos mais comuns nas linguagens de programação, os quais atuam na transformação de dados e estados dos programas.

6.2 EXPRESSÕES

As expressões são os elementos de transformação de dados em um programa: a partir de valores, uma transformação é aplicada e um valor resultado é produzido. Note que as expressões atuam primordialmente sobre valores: elas recebem e produzem valores. A seguir, mostramos como as expressões comuns nas linguagens de programação representam valores e como elas são avaliadas.

6.2.1 Expressões como Valores

Na maioria das linguagens de programação, podemos tratar valores por meio de expressões. Podemos, por exemplo, calcular somas ou subtrações de dois números inteiros pelos operadores aritméticos predefinidos nas linguagens. Nesta seção, enumeramos as várias formas de expressões que aparecem em linguagens de programação e como elas representam valores.

6.2.1.1 Literais — Os literais nas linguagens de programação são expressões que denotam um valor fixo de algum tipo. As linguagens de programação possuem formas de representação para valores de tipos predefinidos. Exemplos triviais de literais são:

- 5   denota o valor cinco do tipo inteiro;
- 5.0 denota o valor cinco do tipo real e;
- 'a' denota o caracter "a" na linguagem C, por exemplo, etc.

Para linguagens que permitem a construção de tipos enumerados, também são considerados como literais os novos valores inseridos para o tipo.

6.2.1.2 Agregação de Valores — Na maioria das linguagens, existem expressões que constroem valores compostos a partir de outros valores mais simples.

Exemplo 6.1 — Em C, por exemplo, podemos agregar valores para formar um *array* com um tipo e tamanho definidos:

```
int n[5] = {32,45,66,23,58};
```

O conjunto de valores é usado como expressão, e o *array* n possui 5 elementos com os respectivos valores do conjunto. □

A linguagem Perl permite agregação de valores de uma forma ainda mais flexível, no qual não se tem necessariamente predefinidos o tipo e a quantidade de elementos dos *arrays*.

Exemplo 6.2 — Um *array* com dois elementos que associam uma *string* a um valor inteiro pode ser definido em Perl como segue:

```
%salarios = (``Maria'' => 750, ``Pedro'' => 100);
```

Neste caso, o tipo e tamanho do *array* são inferidos a partir dos valores, estes elementos aparecem sem uma declaração prévia e os atributos de tamanho e tipo podem ser modificados ao longo da computação do programa. □

6.2.1.3 Aplicação de Funções — A chamada de uma função em um programa computa um resultado pela aplicação de uma abstração a um conjunto de argumentos. De uma forma geral, podemos escrever a aplicação de uma função como $F(PA)$, onde F é um identificador de função e PA é o parâmetro atual. Na maioria das linguagens, PA é permitido ser apenas valores específicos. Em linguagens funcionais, estes parâmetros podem ser também outras funções.

É importante salientar que os operadores predefinidos sobre tipos primitivos podem ser vistos como aplicações de funções:

$$3 + 4 \equiv soma(3, 4)$$

Assim, as expressões aritméticas e lógicas predefinidas na maioria das linguagens de programação são aplicações de funções predefinidas sobre tipos predefinidos nas linguagens.

6.2.1.4 Expressões Condicionais — As expressões condicionais são aquelas que assumem valores diferentes dependendo de uma condição. Em linguagens funcionais, que são orientadas a expressões como SML, temos condicionais que produzem valores.

Exemplo 6.3 — Uma função definida em SML que recebe dois valores inteiros e devolve o maior deles pode ser definida como segue:

```
fun maior (x:int, y:int) = if x > y then x else y;
```

Neste caso, podemos ter como resultado tanto o valor de x quanto o valor de y, depende do resultado da condição da expressão. Note que o resultado é o próprio valor, sem haver qualquer atribuição a variáveis. □

Em Pascal, não há expressão condicional, mas apenas comandos condicionais, já que os mesmos não produzem um valor, mas um efeito sobre o estado do programa pelas atribuições. Nas linguagens C, C++ e Java, as expressões condicionais aparecem da seguinte forma:

```
<expressão1> ? <expressão2> : <expressão3>
```

onde a `<expressão1>` é uma condicional e, mediante sua avaliação, ter-se-á como resultado a `<expressão2>` (se a condição for verdadeira) ou a `<expressão3>` (se a condição for falsa).

Exemplo 6.4 — Um exemplo de uso de expressões condicionais em C:

```
int n, x, y;
    n = (x > y) ? x : y
```

Aqui, à variável n é atribuído o valor resultado da expressão condicional: o valor de x se a expressão lógica (x > y) for verdadeira e o de y se a expressão for falsa. □

Note o efeito sobre o estado do programa na expressão acima, enquanto no exemplo dado em SML não há qualquer efeito sobre "variáveis" do programa.

6.2.1.5 Valores associados a identificadores — Na maioria das linguagens de programação, podemos definir valores constantes associados a nomes (as constantes), bem como variáveis. Os valores associados às constantes são calculados diretamente, já que na maioria dos casos as constantes são substituídas pelos próprios valores (quando a linguagem realiza vinculação estática de valores). Por outro lado, as variáveis têm valores atuais associados. Desta forma, uma variável deve ter seu valor recuperado na hora em que é usada; depende do estado atual do programa. O acesso ao valor de cada constante ou variável é na verdade o cálculo de uma expressão; um valor a partir de um identificador.

6.2.2 Avaliação de Expressões

Da avaliação de uma expressão resulta o cálculo da expressão dados os valores. Para literais, por exemplo, o cálculo resultante da expressão é o valor correspondente do literal. Para variáveis, o cálculo da expressão corresponde ao conteúdo da variável. Para as expressões aritméticas e lógicas, contudo, o cálculo só pode ser realizado mediante as regras de precedência dos próprios operadores ou impostas pelos parênteses, a ordem de avaliação dos operandos e ainda as regras da linguagem quando a sobrecarga de operadores é permitida. A sobrecarga de operadores foi discutida na Seção 5.3.2, nas seções que seguem tratamos a ordem de avaliação e os efeitos colaterais nas expressões.

6.2.2.1 Ordem de avaliação — A ordem de avaliação depende primordialmente da precedência dos operadores, bem como dos parênteses, e a ordem de avaliação dos operandos. Nas expressões aritméticas, por exemplo, temos em geral os operadores binários de multiplicação e divisão com a mesma prioridade, mas com prioridade maior que os operadores de soma e subtração. Os operadores unários têm prioridade mais alta que os binários aqui citados. Para operadores associativos definidos com a mesma prioridade, o resultado da expressão independe da ordem em que eles são avaliados.

Exemplo 6.5 — Considere a seguinte expressão:

```
A + B - C
```

A expressão acima pode ser calculada pela aplicação tanto da soma e depois da subtração, quanto da subtração e depois a soma, por causa da associatividade dos operadores de soma e subtração.

```
(A + B) - C = A + (B - C)
```
□

Para operadores com prioridades diferentes, primeiro o operador de mais alta prioridade será avaliado, e depois o de menor prioridade.

Exemplo 6.6 — Considere a seguinte expressão:

```
A + B * C
```

A expressão acima realizará primeiro o cálculo da multiplicação para então proceder com a soma.

```
A + (B * C)
```
□

Quando se deseja dar prioridade a operadores explicitamente, usamos os parênteses para denotar a ordem de avaliação de uma expressão: as subexpressões nos parênteses mais internos são calculadas, depois os imediatamente mais externos e assim sucessivamente até completar o cálculo de toda a expressão.

Exemplo 6.7 — Considere a expressão:

```
(A + B) * C
```

Esta expressão realizará primeiro o cálculo da soma (os parênteses mais internos) para, então, proceder com a multiplicação. □

As expressões lógicas seguem o mesmo raciocínio. Na maioria das linguagens, o operador lógico de maior prioridade é o unário NOT, seguido do binário AND, seguido do OR (e o OR exclusivo em alguns casos). Outras linguagens, tal como Ada, tratam todos os operadores lógicos com a mesma prioridade, e assim as expressões devem ser parentetizadas porque estes operadores não são associativos.

Além da precedência natural dos operadores e a ordem de avaliação imposta pelos parênteses, devemos notar que a maioria das linguagens avalia as expressões da esquerda para a direita da ordem de escrita (algumas vezes determinado pelo projeto da linguagem e em outras vezes pela implementação do processador). Vários dos processadores atuais utilizam o recurso de **avaliações truncadas**, principalmente em expressões lógicas.

Exemplo 6.8 — Considere a expressão lógica seguinte:

```
(x > 0) AND ((y/x) > 2)
```

Se a expressão for avaliada por completo, haverá um erro de execução quando x tiver o valor 0 (divisão por zero). Contudo, se a expressão (x > 0) for falsa, já podemos concluir que a expressão completa também será falsa. Vários processadores de linguagens truncam a avaliação da expressão no estágio em que o resultado final pode ser inferido. Nessa avaliação truncada, a expressão acima não ocasionaria erro. Para isso, o programador deve ter conhecimento se a linguagem usa este recurso ou não. □

Linguagens mais modernas, como por exemplo C, C++, Java e Modula-2 oferecem avaliações de expressões lógicas truncadas. Um recurso análogo poderia ser usado para algumas expressões aritméticas (multiplicação por zero, por exemplo), mas as linguagens atuais não oferecem tal recurso.

6.2.2.2 Efeitos colaterais — Expressões denotadas por literais, constantes ou variáveis têm apenas acesso a um valor diretamente. A avaliação dessas expressões não provocam quaisquer modificações sobre o estado do programa. Da mesma forma, expressões aritméticas que envolvem apenas os operadores predefinidos na linguagem juntamente com variáveis e literais não provocam quaisquer mudanças no estado do programa. No entanto, quando a expressão contém uma aplicação de função, algumas operações internas à função podem acarretar mudanças no estado do programa.

Exemplo 6.9 — Considere a definição esquemática de um programa na linguagem C:

```
int x = 10, y = 20;
int fun1 ()
 { x = x + 30;
   return 10;
 } /* fun1 */
void main ()
 { y = y + fun1();                          (1)
   ...
   if ((y > 50) && ((fun1() + y) > 70))     (2)
   ...
 } /* main */
```

No programa acima, a função `fun1` modifica o valor da variável x. Então, a aplicação desta função acarreta um efeito colateral sobre o estado do programa. A avaliação da expressão em (1) acima ocasionará uma mudança de estado do programa. □

Uma outra forma de efeito colateral das expressões pode ser notada quando uma variável usada em uma expressão tem seu valor modificado por uma função na mesma expressão. Suponha a seguinte expressão (referente ao exemplo acima), quando x tem o valor 10:

```
x + fun1();
```

se a expressão for avaliada da esquerda para a direita, o resultado da expressão acima será 20 e x passa a ter o valor 40 ao final da avaliação. Contudo, se a função for avaliada primeiro, o valor de x será modificado e a expressão terá como resultado o valor 50.

Existem algumas alternativas de solução para se ter uma ordem precisa de avaliação de expressões e conseqüentemente um controle dos efeitos colaterais. Primeiro, o projetista pode impedir que a avaliação de uma função afete o valor da expressão, evitando assim o efeito colateral no resultado da expressão. Uma segunda alternativa poderia ser a definição, no projeto da linguagem, da ordem de avaliação das expressões, e os processadores devem obedecer a tal ordem. Na linguagem Java, por exemplo, as expressões são avaliadas da esquerda para a direita (definido no projeto da linguagem). Uma terceira alternativa ainda seria a proibição, nas expressões, do uso de funções que modifiquem valores de variáveis existentes na própria expressão. Ignorar os efeitos colaterais no projeto de uma linguagem compromete o seu uso, uma vez que cada processador adotará uma forma de avaliação particular.

Outro aspecto a ser observado é a conseqüência de efeitos colaterais quando a avaliação truncada é permitida. Ainda no exemplo acima, temos em (2) o uso de uma expressão lógica com o operador AND (`&&`). Se a expressão for avaliada da esquerda para a direita e a primeira parte da expressão (`y > 50`) for falsa, o efeito colateral da aplicação de `fun1` na segunda parte da expressão não ocorrerá. Mas, se a expressão for avaliada por completo, o efeito colateral ocorrerá mesmo que a expressão lógica seja falsa. Note que todos esses aspectos relacionados à avaliação das expressões devem ser conhecidos pelo programador para o uso adequado da linguagem.

6.3 COMANDOS

Assim como as expressões são responsáveis pela transformação de dados, os comandos são responsáveis pelas mudanças de estados nas linguagens dos programas. Podemos dividir os comandos mais simples em dois grandes grupos: os comandos de atribuição, os quais fazem mudanças de conteúdo de variáveis (estado) do programa diretamente; e as estruturas de controle no nível de instrução que direcionam os passos subseqüentes da computação do programa.

6.3.1 Atribuição

Os comandos de atribuição são responsáveis pela mudança explícita do estado do programa, onde uma ou mais variáveis têm seus valores modificados. As linguagens de programação que possuem variáveis, possuem também comandos de atribuição. Formas triviais desses comandos são:

Atribuição simples: nesta forma de atribuição, uma expressão é avaliada e o valor resultado atribuído a uma única variável. Exemplos deste tipo de atribuição estão presentes nas mais diversas linguagens de programação, como na linguagem C:

```
x = y;
x = y + 15;
```

O efeito da atribuição em ambos os casos acima é a modificação do conteúdo da variável x para o valor resultado das respectivas expressões. Algumas abreviações do comando de atribuição são permitidas em linguagens como C, C++ e Java:

```
x ++;      equivalente a   x = x + 1;           (1)
x + = y    equivalente a   x = x + y;           (2)
x = y ++;  equivalente a   y = y + 1; x = y;    (3)
x = ++ y;  equivalente a   x = y; y = y + 1;    (4)
```

No exemplo acima, as variáveis x (em (1) e (2)) e y (em (3) e (4)) são usadas tanto como operando da expressão quanto como variável a ter seu conteúdo modificado. Abreviações análogas existem para os operadores de subtração, multiplicação e divisão nessas linguagens. Essas abreviações são em geral usadas por programadores experientes, mas em muitos casos prejudicam a legibilidade dos programas.

Atribuição múltipla: algumas linguagens permitem que o valor resultado da expressão seja atribuído a diversas variáveis. Exemplos de atribuição múltipla podem ser encontrados nas linguagens PL/I, C, C++ e Java. Em PL/I a atribuição é realizada sobre as variáveis simultaneamente.

```
x, y = 10     em PL/I
```

O efeito desse tipo de atribuição é o cálculo da expressão mais à direita e a modificação do valor das variáveis à esquerda. Em C, C++ e Java um efeito semelhante é conseguido quando usamos atribuições inseridas nas expressões (o item seguinte trata essas atribuições) e as variáveis são do mesmo tipo.

```
float x, y;
x = y = 10.2    em C, C++ e Java
```

Aqui o valor 10.2 é atribuído à variável y e depois o valor de y é atribuído à variável x. Note que a ordem de atribuição difere do exemplo anterior. Além disso, como são realizadas atribuições sucessivas, coerções de tipos podem ser aplicadas sucessivamente.

Atribuição inserida em expressões: vimos na Seção 6.2.2.2 que podemos ter efeitos colaterais nas expressões quando nelas existem funções que modificam variáveis globais ou parâmetros formais. Além dessa forma de efeitos colaterais, expressões nas linguagens C, C++ e Java permitem que quaisquer expressões contenham atribuições. Podemos ter exemplos do tipo:

```
x = a + (y=z / b++)   equivalente a   b = b + 1;
                                      y = z;
                                      x = a + (y/b);
```

Este comando de atribuição não só tem efeito sobre a variável x, mas também sobre as variáveis y e b, as quais realizam atribuições dentro da expressão.

Essas atribuições podem inclusive ser realizadas em expressões lógicas:

```
if (((x = y) > 10)...   equivalente a   x = y;
                                        if (x > 10)...
```

Mais uma vez, tal flexibilidade, ou abreviação, de comandos de atribuição acarretam um comprometimento da legibilidade dos programas, principalmente porque a igualdade relacional (comparação entre valores) é escrita nestas linguagens como "==". É comum erros em programas que realizam uma atribuição (=) dentro de uma expressão lógica quando na realidade deveriam fazer uma comparação (==), e muitas vezes passa despercebido aos programadores.

6.3.2 Instruções Compostas e Blocos

Vimos na Seção 5.2 que podemos ter uma coleção de comandos (delimitados pelo seu início e fim) abstraídos de forma a serem tratados como um único comando. Esta coleção não é um conjunto de instruções que podem ser executadas em uma ordem arbitrária, mas em uma seqüência determinada de instruções, e a estas seqüências chamamos de **instruções compostas**. A ordem dos comandos é determinada pelo comando seqüêncial que em algumas linguagens, como C, C++ e Java, aparecem com separador ";", e em outras apenas a seqüência de escrita.

Para que essas seqüências de instruções sejam tratadas como únicas elas precisam ter seu começo e fim delimitados. A idéia de instruções compostas surgiu com Algol 60, a qual usa os delimitadores `begin` e `end` para início e final respectivamente. A linguagem Pascal usa esses mesmos delimitadores.

Em outras linguagens, como C, C++ e Java, além das instruções compostas temos também os **blocos de comando**, os quais podem conter declarações de variáveis locais seguido de uma seqüência de instruções. Essas linguagens usam chaves para delimitar tanto as instruções compostas quanto os blocos de comandos. Em algumas outras linguagens como Pascal, apenas os próprios programas ou as sub-rotinas são aceitos como blocos de comando (só neles é permitido fazer declarações de variáveis).

6.3.3 Condicionais

As instruções de seleção permitem escolher entre duas ou mais seqüências de instruções a serem executadas nos programas e são fundamentais às linguagens de programação. Existem dois grande grupos de seleção: a bidirecional e a n-direcional, estudadas a seguir.

6.3.3.1 Seleção Bidirecional A seleção bidirecional está presente em todas as linguagens de programação atuais baseadas em comandos. Na linguagem Pascal, essa instrução aparece como:

```
if (<expressão_lógica>)
   then <instrução_composta1>
   else <instrução_composta2>
end;
```

Um exemplo de uso dessa instrução de seleção é como segue:

Exemplo 6.10 — Uma instrução que atribui à variável maior o maior valor entre as variáveis x e y pode ser definida por:

```
if (x > y) then
   begin
      maior := x    (1)
   end
  else
   begin
      maior := y    (2)
   end
 end;
 ...
```

A expressão (x > y) é avaliada, e quando o valor resultante é verdadeiro, (1) será executado, caso contrário, (2) será executado. □

No comando de seleção acima apenas uma instrução é dada para cada um dos caminhos alternativos, e, por isso, não há necessidade do uso dos delimitadores, eles poderiam ser retirados dessas instruções sem qualquer prejuízo. Um uso restrito da seleção bidirecional é a seleção unidirecional, em que instruções são executadas apenas quando a expressão lógica é verdadeira.

Exemplo 6.11

```
if (x > y) then
 begin
   maior := x    (1)
 end
end if;
...
```

A instrução em (1) é executada apenas quando a expressão (x > y) resulta no valor verdadeiro, e nada é executado neste comando quando esta expressão resulta o valor falso. □

Construções similares são encontradas nas linguagens C, C++ e Java, exceto que blocos de comandos podem ser executado como alternativas em vez de apenas as instruções compostas. Instruções com o mesmo significado dos exemplos anteriores podem ser definidos na linguagem C como segue:

Exemplo 6.12 — O exemplo anterior pode ser escrito em C da seguinte forma:

```
if (x > y)
  { maior := x;}   (1)
else
  { maior := x;}   (2)
...
\end{verbatim}
\begin{verbatim}
if (x > y)
  { maior := x;}   (3)
...
```

Como (1), (2) e (3) podem ser blocos de comandos, poderíamos ainda ter declarações de variáveis locais ao bloco. □

Vale ressaltar que podemos ter comandos de seleção aninhados (um comando como parte de outro), uma vez que cada instrução composta (ou bloco) pode ter um outro comando de seleção.

6.3.3.2 Seleção n-direcional — A seleção n-direcional é uma generalização da bidirecional, em que várias (n) seqüências de instruções podem ser seguidas em vez de apenas duas. Uma forma mais antiga do uso de múltiplos seletores pode ser encontrada na Algol-W, na qual n instruções podem ser escolhidas alternativamente, mediante o resultado (no intervalo de inteiros de 1 a n) de uma expressão aritmética. Formas menos restritivas podem ser encontradas em linguagens mais modernas.

Na linguagem Pascal, por exemplo, a seleção n-direcional é denotada pelo comando case:

```
case <expressão> of
 <lista_de_literais1> : <instrução_composta1>;
 ...
 <lista_de_literaisn> : <instrução_compostan>;
 [else <instrução_composta_n+1>]
end
```

Nesse comando a expressão é de um dos tipos primitivos: inteiro, booleano, caracter ou enumeração. A expressão é avaliada e o valor resultado da expressão é comparado com os literais das listas_de_literais, e a instrução_composta correspondente (do lado direito do literal) é executada quando o valor da expressão é igual a um dos literais na lista. Obviamente os literais devem ser do mesmo tipo, o qual deve ser o mesmo do valor da expressão, e devem ser mutuamente exclusivos (um mesmo literal não pode ser repetido em listas diferentes), mas a lista não precisa ser exaustiva. Quando nenhum dos literais é igual ao valor da expressão, a opção else é usada[1]. Ao final da execução da instrução correspondente, o comando é finalizado. Ou seja, uma vez encontrado o valor da expressão em uma das listas de literais, as instruções correspondentes são executadas e não há mais comparações com os elementos das outras listas. Um outro fator importante é que a cláusula else é opcional. Para comandos que não incluem esta cláusula, o programa executa a próxima instrução sem ter executado qualquer instrução do case.

Exemplo 6.13 — Um exemplo de uso do comando case em Pascal pode ser visto como a contagem de conjuntos de vogais:

```
case    letra    of
  'a',   'e'   : begin
              contae := contae + 1                    (1)
              end;
```

---
[1] Algumas versões iniciais da linguagem não incluíam a cláusula else.

```
    'i',   'o'    : begin
                        contio := contio + 1                    (2)
                    end;
    'u'            : begin
                        contu := contu + 1                      (3)
                    end;
    else           begin
                        contconsoantes := contconsoantes +1     (4)
                    end
```

Neste exemplo, temos contadores para os respectivos conjuntos de vogais, os quais serão incrementados quando o valor da expressão `letra` é igual a uma das constantes da lista correspondente. Por exemplo, quando `letra` tem o valor 'a' o (1) é executado. Quando o valor da expressão `letra` não é uma vogal, o contador de consoantes será incrementado (opção `else`). □

A linguagem Ada, assim como Pascal, permite que as constantes sejam de um tipo primitivo discreto, mas permite ainda o uso de intervalos, [1 .. 10] por exemplo. As linguagens C, C++ e Java, contudo, possuem um comando de seleção n-direcional (`switch`) mais restritivo que o da linguagem Pascal, onde a expressão só pode ser do tipo inteiro. A definição do comando é como segue:

```
switch (expressão) {
 case <expressão_constante1> : <bloco1>;
 ...
 case <expressão_constanten> : <blocon>;
 [default                    : <blocon+1>]
 }
```

Nesse comando, a `expressão` deve ser do tipo inteiro, assim como as `expressoes_constante` em cada uma das alternativas `case` do comando. A expressão é avaliada, o seu valor é comparado com a primeira `expressão_constante` e se forem iguais a instrução correspondente é executada, e assim sucessivamente até que se tenha comparado/executado todas as alternativas. Aqui, as constantes não precisam ser mutuamente exclusivas, mais de um conjunto de instruções pode ser executado, e todas as alternativas serão comparadas, uma vez que não há um desvio para o final do comando como no `case` da linguagem Pascal. A cláusula `default` tem a mesma semântica do `else` do Pascal.

Em grande parte das vezes que usamos as multiescolhas, colocamos alternativas exclusivas, e certamente não gostaríamos que o comando prosseguisse com as comparações uma vez que a alternativa correta já foi encontrada. Então, é comum o uso do comando `switch` com um desvio para o final do comando (`break`) após a execução das instruções correspondentes:

```
switch (expressão) {
 case <expressão_constante1> : <bloco1>; break;
 ...
 case <expressão_constanten> : <blocon>; break;
 [default                    : <blocon+1>]
 }
```

Quando o comando de desvio é usado, as alternativas seguintes não serão comparadas, o que se torna imprescindível, por exemplo, quando usamos a cláusula `default`. Vale ressaltar que alguns livros sobre a linguagem C já incluem o desvio como parte do próprio comando `switch`.

Exemplo 6.14 — A contagem de uma variável como par ou ímpar, no intervalo de números inteiros de 1 a 2, pode ser implementada como segue:

```
switch (numero) {
  case 1:   contimpar = contimpar + 1;
            break;
  case 2:   contpar = contpar + 1;
            break;
  default:  printf("fora do intervalo");
  }
```

Quando nenhuma das alternativas constante é encontrada igual ao valor da expressão, o programa imprime a mensagem acima através da cláusula `default`. □

Todas essas seleções n-direcionais podem ser reescritas com o comando bidirecional, mas as n-direcionais melhoram a legibilidade do programa. Na maioria das linguagens, não é permitido o uso de expressões relacionais ou lógicas como alternativas (os exemplos acima mostram o uso de constantes). Para essas linguagens, os comandos bidirecionais aninhados devem ser usados.

Todos os comandos de seleção descritos acima sempre executam as intruções correspondentes quando encontrada a constante de mesmo valor. No caso do switch, vários conjuntos de instruções podem ser executados, desde que as constantes sejam iguais aos valores da expressão. Essa é uma forma de processamento **determinística**, onde todas as instruções correspondentes serão executadas. Existem ainda os comandos n-direcionais **não determinísticos**, definidos por Dijkstra [20] e implementados na linguagem Ada. Neste, tem-se um if com várias expressões lógicas alternativas (em paralelo), e cada uma seguida dos conjuntos de instruções correspondentes. Se mais de uma expressão for verdadeira, uma escolha não determinística é feita para a execução de apenas um dos conjuntos de instruções correspondente. Apesar de valioso em programação, este comando é mais difícil de ser implementado e raramente encontrado nas linguagens.

6.3.4 Iterativos

Os comandos iterativos fazem com que uma instrução, ou um conjunto de instruções, seja executada zero, uma ou várias vezes. Esses comandos possuem basicamente o **corpo do comando** (o conjunto de instruções as serem executadas) que deve ser executado repetidas vezes, e mais uma expressão de controle que determina quando o corpo do comando deve ser executado, o **controlador do laço**. Podemos classificar os comandos iterativos em relação ao número de iterações em dois grandes grupos: número predefinido de iterações, e número indeterminado de iterações. Nas seções que seguem apresentamos os comandos existentes segundo esta classificação.

6.3.4.1 Número predefinido de Iterações — Nesses comandos o número de vezes que o conjunto de instruções deve ser executada é determinado *a priori*. Eles são caracterizados por uma **variável de controle**, inserida na expressão controladora do laço, e esta determina o número de vezes que as instruções devem ser executadas mediante o seu valor. Um exemplo é o comando for da linguagem Pascal:

```
for <variável> := <expressão1> (to | downto)
                <expressão2> do
            <corpo_comando>
```

A expressão1 é avaliada e atribuída à variável. Quando o to é usado, a variável é comparada se menor ou igual à expressão2 (ou maior ou igual quando o downto é usado), e em caso positivo o corpo_comando é executado. O comando prossegue com o incremento/decremento (to/downto) 1 da variável e execução do corpo do comando até que o valor da variável seja maior/menor que o valor da expressão2). Em outras palavras, a variável recebe um valor no intervalo de expressão1 até expressão2 e o conjunto de instruções é executado para cada valor da variável. Essa variável de controle não pode ser modificada no conjunto de instruções e ao final do comando o seu valor fica indefinido. A variável de controle pode ser de quaisquer dos tipos primitivos discretos, em que o incremento 1 tem o significado de o próximo valor.

Exermplo 6.15 — O seguinte comando `for` na linguagem Pascal imprime as letras minúsculas em sua ordem:

```
for c := 'a' to 'z' do
   write(c);
```
□

Algumas outras linguagens permitem a definição do incremento. Dos projetos mais antigos, as linguagens como Algol e PL/I são exemplos:

```
for <variável> := <expressão1> to <expressão2>
                      by <expressão3> do
   <corpo_comando>
```

Várias das linguagens mais modernas permitem a determinação do incremento. As linguagens C, C++ e Java, além da definição do incremento, permitem também que mais de uma variável de controle seja usada:

```
for (<expressão1>; <expressão2>; ,expressão3>){
    <corpo_comando>
   }
```

onde a `expressão1` é um conjunto de atribuições iniciais às variáveis de controle, a `expressão2` representa o conjunto de expressões lógicas sobre as variáveis de controle, e a `expressão3` representa a progressão das variáveis. As atribuições existentes na `expressão1` são inicialmente executadas, a expressão lógica da `expressão2` é avaliada e, caso seja verdadeira, o corpo do comando é executado. Após o seu término, os incrementos das variáveis são realizados de acordo com a `expressão3`.

Exemplo 6.16 — Um comando `for` em C, que incrementa contadores com os valores de duas variáveis, uma do tipo inteiro e outra do tipo real com incrementos definidos pelo programador, pode ser implementado como segue:

```
somai = ...;
somar = ...;
for(i= 10, r= 2.0 ; (i < 100 || r < 20.0); i=i+2, r=r*2.5)
  {somai = somai + i;
   somar = somar + r;
  }
```
□

O fato de ter uma expressão lógica que controla as iterações definidas pelo usuário (e não predefinida pela linguagem como nos casos acima) faz com que este comando seja mais abrangente que os outros apresentados. Essas linguagens, no entanto, não coibem a modificação das variáveis de controle no corpo do comando, apesar de ser uma prática de programação não recomendada. Da mesma forma, o comando `for}` pode ser usado como um comando com um número indefinido de iterações (apresentado a seguir) quando as expressões 1 e 3 são omitidas. Todas estas observações não são consideradas como boa prática de programação apesar de permitidas pelas linguagens.

6.3.4.2 Número indefinido de iterações — Os comandos de iteração com um número indefinido de repetições são controlados por uma expressão lógica em vez de uma (ou um conjunto de) variável com uma expressão de progressão predefinida na expressão de controle.

A maioria das linguagens modernas inclui comandos iterativos, que fazem o teste da expressão lógica e só executam o corpo de laço após este teste, e outros que executam pelo menos o corpo de comando uma vez e depois fazem o teste. Nas linguagens C, C++ e Java, estes comandos aparecem com os seguintes formatos:

```
        --while--                      --do-while--
while (<expressão_lógica>)      do{
   {corpo_comando                  corpo_comando
   }                               }while(<expressão_lógica>)
```

No comando `while`, a `expressão_lógica` é avaliada e se verdadeira, o `corpo_comando` é executado. Esses passos são repetidos até que a `expressão_lógica` passe a ter o valor falso. Neste caso, o próximo comando do programa é executado. As variáveis que aparecem na expressão lógica devem ter seus valores predefinidos por comandos anteriores do programa e podem ser modificadas no corpo do comando. O comando `do-while` executa inicialmente o `corpo_do_comando` e faz o teste da expressão lógica, prosseguindo com as repetições apenas quando esta é verdadeira.

Exemplo 6.17 — Um comando `while` em C que incrementa contadores mediante os valores de duas variáveis, como no exemplo anterior, pode ser implementado como segue:

```
somai = ...;
somar = ...;
i = 10 ;
r = 2.0
while(i < 100 || r < 20.0)
```

```
{somai = somai + i;
 somar = somar + r;
 i = i + 2 ; r = r * 2.5;
}
```

As variáveis usadas na expressão lógica são modificadas no corpo do comando. □

Comandos semelhantes existem nas outras linguagens modernas. Pascal possui versões com semântica semelhante para o while e para o do-while, o repeat-until, só que neste último a repetição é realizada enquanto a expressão tiver o valor falso. A linguagem Ada possui apenas o while, mas isso não a torna menos expressiva porque os comandos iterativos com o pós-teste (do-while) podem ser facilmente implementados com o while.

6.3.5 Desvio Incondicional

Os desvios incondicionais transferem o controle de execução de um programa para um determinado local. Estes comandos foram implementados nas primeiras linguagens de programação como Fortran (o goto) e necessário por causa da limitação das estruturas de controle.

Para a execução do comando goto, por exemplo, é necessário o uso de rótulos que determinem locais do programa para os quais o desvio pode enviar o controle. Contudo existem sérias restrições ao uso dos desvios porque eles desconsideram as outras estruturas de controle do programa, e isso pode ocasionar erros no programa. Outro problema relacionado ao goto é a legibilidade dos programas. Ele pode ser usado para desvios tanto para locais posteriores quando anteriores ao local atual da computação, e o uso excessivo do mesmo dificulta o entendimento dos programas.

Algumas linguagens modernas foram projetadas sem o goto, como a Modula-2 e Java. A linguagem C, apesar de moderna, conservou este desvio incondicional. Formas de desvios para os finais de comandos, como o break, também são incluídos nestas linguagens. Este último contudo é, em geral, usado de forma disciplinada por existir o local específico do desvio.

6.4 LEITURA RECOMENDADA

O resultado teórico de que os comandos de controle de seleção, seqüência e o de iteração com um pré-teste (while) são o suficiente para expressar os comportamentos seqüenciais está descrito em [12].

Os comandos condicionais não determinísticos foram definidos por Dijkstra em [20], juntamente com uma disciplina de programação. Uma apresentação destes comandos de forma resumida também pode ser encontrada em [44].

Para os leitores interessados em aspectos mais formais sobre linguagens de programação, consultar [70].

Os comandos e expressões específicos a cada linguagem podem ser obtidos através dos manuais de programação ou de definição.

6.5 EXERCÍCIOS

1. Alguns programadores são favoráveis aos efeitos colaterais em expressões. Dê um exemplo no qual o bom uso de efeitos colaterais em expressões pode simplificar a programação. Descreva os aspectos positivos e negativos de efeitos colaterais em expressões.

2. Verificar se as expressões têm sua avaliação truncada ou não na sua linguagem favorita. Para isso, leia os manuais de definição da linguagem e experimente em alguns pequenos programas. Caso as expressões sejam truncadas, verifique se é proveniente da definição da linguagem ou do processador que você usa.

3. Estude os comandos de atribuição existentes em sua linguagem favorita. É possível fazer atribuições múltiplas. Todas são feitas ao mesmo tempo ou são atribuições sucessivas?

4. Dê argumentações contra e a favor de se ter expressões de atribuição na linguagem C. Para isso, discuta os aspectos de uniformidade e legibilidade da linguagem.

5. Mostre como os comandos `do-while` e o `repeat-until` podem ser facilmente reescritos na semântica do `while`.

6. Liste os comandos de seleção da sua linguagem favorita e mostre como cada um deles pode ser reescrito usando o comando de seleção bidirecional (`if-then-else`).

7
Abstrações

"Reach what you cannot"
Nikos Kazantzakis

Abstração é o princípio pelo qual nos concentramos nos aspectos essenciais de um problema em vez de seus detalhes. Sob o ponto de vista de linguagens de programação, as abstrações são usadas para resolver os problemas de uma forma genérica, e não de resolver apenas problemas particulares. A idéia de se ter um programa como solução de uma classe de problemas reflete de uma certa forma as abstrações. Um programa tem como princípio a solução de um problema computacional e pode ser aplicado a diferentes dados. Ele é, portanto, uma forma abstrata de resolver um problema e a sua execução com dados específicos é uma solução particular de um problema.

A solução dos problemas computacionais por um programa de forma monolítica (um único programa, sem subprogramas) tornou-se insuficiente à medida que aumentou a complexidade dos problemas a serem resolvidos. Este é apenas conveniente quando os problemas são muito simples. Para que os programas sejam subdivididos em unidades de processamento que agrupem conjuntos de comandos, precisamos de elementos que denotem estas unidades de processamento. Além disso, usando como princípio a uniformidade, cada unidade de processamento deve ser uma abstração da solução de um problema, da mesma forma que os programas.

Neste capítulo, abordaremos a idéia de abstrações relativas a comportamento, variáveis e tipos encontradas nas linguagens de programação.

7.1 TIPOS DE ABSTRAÇÕES

Quando falamos de abstrações, referimo-nos a soluções computacionais que podem ser vistas sob diferentes perspectivas: quem constrói e quem usa a abstração. O programador que constrói a abstração precisa do conhecimento de **como** o problema é resolvido. Enquanto o que usa a abstração precisa apenas conhecer **o que** ela faz. Este último precisa apenas saber usar o programa com os dados adequados, abstraindo-se de como o programa foi implementado.

Para as abstrações computacionais, precisamos reconhecer de quais elementos nos abstraímos nas subunidades de programas disponíveis nas linguagens de programação atuais. A definição (ou representação) de uma função nas linguagens de programação, por exemplo, embute uma expressão a ser avaliada e o programador usuário da função não precisa saber como tal expressão foi implementada, mas o que ela faz. Dessa forma, uma função embute, na verdade, o **processo** computacional usado na solução da função.

De uma forma geral, encontramos nas linguagens de programação as abstrações de **processos**, e as abstrações de **tipos**. As seções que seguem tratam em detalhes cada um desses tipos de abstrações e de que forma elas aparecem nas linguagens de programação atuais.

7.2 ABSTRAÇÃO DE PROCESSOS

Sob o ponto de vista computacional, uma abstração de processos deve "esconder" os passos computacionais necessários para solucionar o problema. Abstrações sobre mapeamentos de domínios podem ser representadas por funções, assim como comportamentos com efeito colateral podem ser abstraídos por procedimentos.

7.2.1 Funções

Computacionalmente, uma função é representada por uma expressão que denota o comportamento do mapeamento entre um domínio e a imagem da função. A aplicação de uma função resulta em um valor: o elemento da imagem relacionado com um dado elemento do domínio. O usuário de uma função observa apenas o valor resultado, em vez dos passos de avaliação da expressão.

Exemplos de abstrações de funções podem ser encontrados nas várias linguagens de programação imperativa, funcional e orientadas a objetos. Nelas, a abstração de uma função é construída pela definição da função. Na linguagem Pascal, por exemplo, a definição de uma função aparece da seguinte forma:

```
function F(P1; ... ; Pn) : T; <bloco>
```

onde `F` é o identificador da função, `Pi` são os parâmetros formais, `T` é o tipo do valor resultado e `bloco` é um bloco de comandos que contêm as declarações locais e os comandos que descrevem o comportamento da função. Dentro desse bloco de comandos deve haver pelo menos o comando `F := E`, o qual denota o resultado da função.

Exemplo 7.1 — Uma função que calcula a potência de um número real a um expoente inteiro pode ser definida em Pascal como segue:

```
function pot (x:Real; n:Integer): Real;
 begin (*assumimos n>0*)
  if n = 1 then pot := x
          else pot := x * pot(x, n-1)
 end
```

A chamada (aplicação) dessa função com o número real 10.0 elevado a 2 é escrita por "pot (10,2)}". □

Na função acima usa-se uma pseudovariável com o mesmo nome da função (`pot`). Esta é uma expressão não-pura, característica de várias linguagens imperativas. Aparentemente, estamos apenas usando a recursividade, mas uma variável é criada a cada chamada recursiva e posta em uma pilha de solução da função. Os valores dessas variáveis são atribuídos à medida que as chamadas recursivas da função são resolvidas.

A linguagem C possui uma forma semelhante para a definição de funções com uma sintaxe um pouco diferente:

```
T F (P1, ..., Pn) <bloco>
```

`T` representa o tipo do valor resultado da função, `F` o identificador da função, `Pi` os parâmetros formais e `bloco` os comandos ou expressão que implementam o comportamento da função.

Exemplo 7.2 — A função potência mostrada no exemplo anterior pode ser definida na linguagem C da seguinte forma:

```
float pot (float x, int n)
 { /*assumimos n>0*/
   float potencia;
   if (n = 1)
       {potencia = x ;}
   else {potencia = x * pot(x, n-1);}
   return (potencia);
 }
```

Aqui, uma nova variável foi criada para acumular o resultado da função, não há uma pseudo-variável como em Pascal. A cada chamada recursiva é criada uma nova variável `potencia`. Esta função, em particular, poderia ainda ser definida na linguagem C com o uso de uma expressão, sem a criação da variável local:

```
float pot (float x, int n)
 { /*assumimos n>0*
   if (n = 1)
       {return (x) ;}
   else {return (x * pot(x, n-1));}
 }
```

Note que nesta última forma de definição não foi usado o recurso de efeito colateral sobre o estado do programa, mas apenas a avaliação de expressões (o que é conhecido como expressão pura). □

Para este tipo particular de funções, não há necessidade de variáveis intermediárias para guardar os valores; as expressões são empilhadas nas chamadas recursivas.

A maioria das linguagens funcionais, como SML, também usa expressões puras para prover funções.

Exemplo 7.3 — O mesmo exemplo acima pode ser definido em SML como segue:

```
fun pot (x: real, n:int) = if n=1 then x
                      else x * pot(x,n-1)                □
```

As linguagens funcionais, a serem discutidas no Capítulo 8, têm como princípio a solução de problemas pelas expressões puras. Das linguagens imperativas, C é uma das que permite algumas expressões puras, apesar de admitir os efeitos colaterais, como mostrado acima.

7.2.2 Procedimentos

As abstrações de procedimentos são realizadas por uma série de comandos que provoca mudanças sucessivas nos valores de suas variáveis. Da mesma forma que as funções, elas são denotadas pelas suas definições e classificadas como abstrações de processos por descreverem um comportamento computacional. O usuário destas não precisa conhecer os passos internos de sua computação, mas apenas a mudança de estado do programa provocado por elas. A chamada de um procedimento é observado pelo usuário apenas como uma mudança no estado do programa influenciada pelos argumentos fornecidos por ele.

A maioria das linguagens de programação imperativas possui formas de abstrair procedimentos, uma vez que elas são essencialmente baseadas em comandos. Temos, por exemplo em Pascal, os procedimentos definidos da seguinte forma:

```
procedure P (PF1, ..., PFn); <bloco>
```

P é o identificador do procedimento, Pi os parâmetros formais, e bloco é o bloco de comandos que descreve o comportamento do procedimento. Note que aqui não há um valor como resultado porque esta é uma abstração de comandos, os quais têm como princípio os efeitos colaterais sobre o estado do programa.

Em C, os procedimentos e funções aparecem em uma forma unificada, todos são funções a princípio. Os procedimentos são denotados pelo tipo **void** como tipo do resultado da função:

```
void P (PF1, ..., PFn)    <bloco>
```

Em SML, não existem procedimentos explicitamente, já que nas linguagens funcionais, funções recursivas são usadas para as soluções dos problemas. Contudo, tal recurso pode ser alcançado artificialmente através do uso de **ref**, variáveis de referência.

7.3 PARÂMETROS

Discutimos acima que as abstrações de processos são realizadas sobre expressões ou comandos. Para que possamos usar tais abstrações, precisamos fornecer alguns argumentos, os dados que serão usados na aplicação da abstração. A definição dos dados necessários à aplicação da abstração está embutida na definição da abstração pelos seus parâmetros. A expressividade das abstrações estão diretamente relacionadas com os seus parâmetros. Considere os exemplos a seguir.

108   ABSTRAÇÕES

Exemplo 7.4 — O cálculo da potência de um número real com um expoente inteiro quando estes números são valores fixados no programa:

```
float pot_restrita ()
 { /*assumimos n>0*/
  float potencia;
  if (n = 1)
       {potencia = x ;}
  else {n = n - 1;
       potencia = x * pot_restrita();}
  return (potencia);
 }
 ...
 void main()
  {float x, pot10_2;
   int n;
   ...
   x = 10;
   n = 2;
   pot10_2 = pot_restrita();
   ...
```

A função definida acima depende de valores fixados no programa e o seu uso requer que o programador saiba quais variáveis são usadas internamente na função, não apenas o que ela deve computar. Tal restrição é obtida porque não foram definidos parâmetros para o uso da função, elementos que permitem fornecer dados para instanciar a função sem conhecer o seu comportamento interno. Ao passo que, se tivermos a redefinição dessa função em que os dados a serem considerados são passados como parâmetros, precisamos apenas fornecer os dados, em vez de também precisar conhecer as suas variáveis internas.

```
float pot (float x, int n)
 { /*assumimos n>0*/
  float potencia;
  if (n = 1)
       {potencia = x ;}
  else {potencia = x * pot(x, n-1);}
  return (potencia);
 }
```

No uso desta função, faz-se necessário apenas fornecer um valor do tipo real para o primeiro parâmetro e um valor do tipo inteiro para o segundo parâmetro (por exemplo, pot(10.0, 2)). Não há necessidade de conhecer os identificadores das variáveis internas. □

A abstração de comportamentos computacionais só podem ser obtidos pela parametrização dos mesmos. Chamamos de **parâmetros formais** os identificadores usados nas abstrações para denotar os argumentos, enquanto que a expressão associada a cada parâmetro formal no uso da abstração é chamada de **parâmetro atual**. No exemplo acima, (float x, int n) são os parâmetros formais da função pot, enquanto no uso da função pot(10.0, 2), (10.0, 2) são os parâmetros atuais. Os valores dos parâmetros atuais das abstrações são chamados de **argumentos** e os tipos de valores permitidos em abstrações pode variar de linguagem para linguagem.

Na aplicação das abstrações, cada parâmetro formal deve ser associado a um argumento. Contudo, a relação dos parâmetros de uma abstração com o programa depende dos mecanismos de passagem de parâmetros como veremos a seguir.

Os parâmetros apresentados nesta seção, apenas sobre as abstrações de processos, são válidos também para as abstrações de tipos a serem apresentadas neste capítulo.

7.3.1 Mecanismos de Passagem de Parâmetros

Existem diferentes maneiras de associar os parâmetros formais de uma abstração com os parâmetros atuais usados na aplicação da função. Os mecanismos de passagem de parâmetros determinam como os parâmetros atuais e formais são associados computacionalmente.

Cada linguagem de programação determina suas formas de passagem de parâmetros com as respectivas variações de implementação. Encontramos nas linguagens os parâmetros de entradas, os parâmetros de saída (ou resultado), os quais podem ainda ser valores constantes, variáveis, etc com tipos e implementações diversas. Contudo, essas várias formas podem ser resumidas, sob o ponto de vista conceitual, em apenas duas: **mecanismo de cópia** e o **mecanismo de referência a valores**}. Estes dois mecanismo são usados tanto para os parâmetros de entrada quanto para os parâmetros resultado.

7.3.1.1 Cópia de Valores — O mecanismo de cópia de valores permite que os parâmetros da abstração sejam criados como variáveis locais, de forma que os argumentos passados para a abstração no momento de sua aplicação sejam copiados para estes parâmetros. No momento em que a abstração é aplicada, as expressões passadas como parâmetros atuais são avaliadas e copiadas para os parâmetros formais da abstração, os quais são variáveis locais da mesma. Dado que os valores são copiados, não há associação entre os parâmetros atuais do programa e os parâmetros formais da abstração. Quando a computação da abstração é finalizada, os parâmetros atuais do programa não sofrem as mudanças eventualmente efetuadas sobre os parâmetros formais da abstração.

A maioria das linguagens de programação admite formas de passagem de parâmetros como valores. Para os parâmetros de entrada, os valores das expressões são calculados e copiados para os parâmetros formais. Quanto aos parâmetros de resultado, estes são criados como variáveis locais e terão um valor associado apenas ao final da computação da função.

Na linguagem Pascal, por exemplo, os parâmetros resultado de funções são passados por valor, e os parâmetros de entrada também podem ser passados por valor, efetuando assim o mecanismo de cópia.

Exemplo 7.5 — Considere a definição da função fatorial e um trecho de programa que usa esta função:

```
program X
 var num, calculo: Integer;
 function fat (n:Integer): Integer;
  begin (*assumimos n>=0*)
    fat := 1;
    while (n > 1)
     begin
      fat := fat * n;
      n := n - 1
     end
  end
...
 begin
  num := 3;                    (1)
  calculo := 2 * fat(num) ;    (2)
  ...
```

No trecho acima do programa, a variável num recebe o valor 3, em (1), e é usada como parâmetro atual da função fat em (2). Note que dentro da função o parâmetro formal n sofre mudanças de valores. Como no caso acima é feita a passagem de parâmetro por valor, o mecanismo de cópia é usado e ao final do comando em (2) a variável num permanece com o seu valor inalterado (valor 3). Isso é possível porque uma cópia do seu valor foi realizada para a variável n local à função fat. □

Esse mesmo mecanismo é utilizado nas linguagens C e C++. O exemplo acima pode ser definido em C como segue.

Exemplo 7.6 — O exemplo acima pode ser definido em C como segue:

```
int fat (int n)
  {(*assumimos n>=0*)
    fatorial = 1;
    while (n > 1)
    {fatorial = fatorial * n;
     n = n - 1
    }
  return (fatorial);
  }
...
 void main ()
 {int num, calculo;
  num = 3;                   (1)
  calculo = 2 * fat(num) ;   (2)
  ...
```

Da mesma forma que no programa em Pascal, o valor da variável num permanece inalterada porque o mecanismo de cópia é usado. □

7.3.1.2 Referência a Valores — A passagem de parâmetros por referência requer que os argumentos sejam referenciados em vez de copiados. Neste mecanismo, o parâmetro formal é vinculado diretamente ao parâmetro atual, e o resultado é que os parâmetros atual e formal compartilham as vinculações de memória e conteúdo.

Então, quando da aplicação de uma abstração, todas as consultas ou modificações de conteúdo efetuadas sobre o parâmetro formal dentro da abstração corresponde a uma consulta ou modificação, respectivamente, ao parâmetro atual do programa.

A maioria das linguagens modernas possui formas de denotar a passagem de parâmetros por referência. A linguagem Pascal, por exemplo, utiliza a palavra reservada var sobre os parâmetros da função para indicar que estes devem usar o mecanismo de passagem por referência.

Exemplo 7.7 — Considere uma nova definição, em Pascal, da função fatorial com passagem de parâmetro por referência:

```
program X
  var num, calculo: Integer;
  function fat (var n:Integer): Integer;
   begin (*assumimos n>=0*)
     fat := 1;
     while (n > 1)
       begin
         fat := fat * n;
         n := n -1
       end
   end
...
  begin
    num := 3;                    (1)
    calculo := 2 * fat(num) ;    (2)
    ...
```

No trecho acima do programa, a variável num recebe o valor 3, em (1), e é usada como parâmetro atual da função fat em (2). O parâmetro formal n é passado por referência (var n: Integer) e dentro da função ele sofre mudanças de valores. Como o mecanismo de passagem de parâmetro por referência é usado, o parâmetro formal n será associado diretamente às vinculações de memória e conteúdo de num quando fat(num) é aplicada em (2).

Então, todas as modificações efetuadas sobre n dentro da função são refletidas sobre a variável correspondente num no programa. Ao final do comando em (2), a variável num terá último valor associado à n dentro da função (valor 1). □

Nas linguagens C e C++, não há um modificador que denote explicitamente o mecanismo de passagem de parâmetro a ser usado, todos os parâmetros são passados por valor. Para se conseguir o efeito de passagem de parâmetro por referência nessas linguagens, deve-se usar um apontador (ou referência) para o argumento ao invés do valor. Dessa forma, o tipo do argumento deve ser modificado para apontador.

Exemplo 7.8 — Considere a função fatorial modificada para que o parâmetro formal seja compartilhado com o atual do programa:

```
int fat (int *n)                    (Note o ``*''!)
  {(*assumimos n>=0*)
   fatorial = 1;
   while (*n > 1)
     {fatorial = fatorial * *n;
      *n = *n - 1
     }
   return (fatorial)
  }
...
void main ()
{int num, calculo;
 num = 3;                           (1)
 calculo = 2 * fat(&num) ;          (2)
 ...
```

Note que o parâmetro formal da função é definido, agora, como um apontador para um valor inteiro (int *n). Isso acarreta obviamente uma modificação na aplicação da função, que deve ser agora o endereço de memória da variável num, denotado por &num. Assim, a variável num e o parâmetro n compartilham o mesmo espaço de memória resultando no efeito de passagem de parâmetro por referência como no exemplo acima em Pascal. □

Em C++ os parâmetros podem usar o modificador const o qual indica que o valor do parâmetro formal não deve ser modificado. Modula-2 tem uma passagem de parâmetros similar à Pascal e ambas também podem ter constantes como parâmetros. Na linguagem funcional SML, todos os parâmetros usam o mecanismo de referência, sejam eles valores simples ou funções.

7.3.2 Parametrização de Tipos

Reutilização é um dos princípios que corrobora com a produtividade, e as abstrações em linguagens de programação são formas de fornecer reutilização. Os parâmetros são essenciais para que possamos abstrair os dados, mas além desses podemos ainda ter algoritmos genéricos que podem ser aplicados a tipos diferentes.

As abstrações relacionadas a tipos referem-se a declarações que podem ter tipos genéricos. Discutimos no Capítulo 5 que polimorfismo aumenta a capacidade de expressão das linguagens, e a parametrização de tipos nas abstrações proporciona polimorfismo das mesmas. Esse recurso não é comum para a maioria das linguagens de programação.

Exemplo 7.9 — Considere o seguinte algoritmo, em Ada, de ordenação de vetores (com, no máximo, 100 elementos) de um tipo genérico:

```
generic
    type tipo_elem is private;
    type vetor     is array (1..100) of tipo_elem;
    procedure ord_generica(lista: in out vetor);
    procedure ord_generica(lista: in out vetor) is
       ...
end ord_generica;
```

Aqui, `tipo_elem` é um tipo genérico usado na definição de `vetor`. A abstração `ord_generica` ordena um vetor do tipo `vetor`. Para usar essa abstração é necessário adotar (instanciar) um tipo existente para este declarado como genérico.

```
procedure  ord_inteiros  is new  ord_generica(Integer);
```

Esta nova abstração instancia a anterior com o tipo `Integer` para o tipo genérico `tipo_elem`. □

Em Ada, existe uma forma especial de declaração que parametriza tipos abstratos. Estes serão vistos posteriormente quando encapsulamento for discutido. C++ também possui abstrações em declarações através dos `templates`.

7.3.3 Ordem de Avaliação

Vimos no Capítulo 6 que a ordem de avaliação de uma expressão influencia o resultado da mesma quando efeitos colaterais são permitidos em expressões. Da mesma forma, a ordem de avaliação dos parâmetros das abstrações pode influenciar os resultados obtidos nas suas aplicações.

Existem basicamente duas formas majoritárias de ordem de avaliação dos parâmetros: avaliação **sob demanda** e avaliação de todos os argumentos *a priori*. Na estratégia de avaliação dos argumentos *a priori*, quando uma abstração é usada, todos os argumentos são avaliados por completo para então iniciar o processamento da abstração. Por outro lado, na avaliação sob demanda, quando uma abstração é aplicada, o seu processamento é iniciado e os argumentos são avaliados à medida que são usados no processamento. A diferença dessas estratégias podem ser observadas no exemplo a seguir.

Exemplo 7.10 — Considere uma função que tem como resultado o segundo ou terceiro argumento, dependendo do valor do primeiro:

```
fun escolha (b1: bool, x:int, y:int) =
        if b1 then x else y ;
```

Suponha que tenhamos a seguinte aplicação desta:

```
val a = 0;
val b = 10;
escolha (b>50, b/a, a/b);
```

Considerando as estratégias de avaliação:

- Se todos os parâmetros atuais forem avaliados *a priori* na aplicação acima, a mesma acusará um **erro** quando a expressão b/a for avaliada (divisão por zero) e a aplicação não será processada.

- Se a avaliação **sob demanda** for usada, os parâmetros atuais serão avaliados apenas no momento em que são usados. No processamento da função escolha, o argumento b>50 será avaliado primeiro por causa da expressão if, e como esta é avaliada com o valor false, a expressão a/b será avaliada e a aplicação escolha (b>50, b/a, a/b) terá como resultado o valor 0 (zero). O argumento b/a não será processado nesta estratégia.

Note que a aplicação da função conduziu a resultados distintos com as diferentes estratégias de avaliação dos parâmetros. □

No exemplo acima, o uso das estratégias conduziu a resultados distintos porque a função tem um comportamento não estrito, no qual o resultado depende de uma avaliação parcial dos parâmetros (ou o segundo, ou o terceiro parâmetro precisa ser avaliado). Para processamentos que dependem da avaliação de todos os parâmetros (comportamento estrito), os resultados serão idênticos.

A maioria das linguagens de programação utiliza a estratégia de avaliação *a priori*, apenas algumas linguagens funcionais, tais como Miranda, Lazy ML e Haskell, usam a estratégia sob demanda. Este tipo de avaliação será discutido em mais detalhes no Capítulo 8.

7.4 ABSTRAÇÃO DE TIPOS

As abstrações de processos estão presentes em projetos de linguagens desde as mais antigas até as mais modernas. À medida que aumentou a complexidade dos problemas a serem resolvidos, veio a necessidade de não apenas ter abstrações de processos como subunidades de programas, mas também conjuntos de abstrações de processos. Com isso surgiu o conceito de módulos (em Modula-2, por exemplo), os quais podem conter os vários tipos de abstrações: de dados e de processos (tipos, variáveis, constantes, funções, etc). Os módulos (ou pacotes) passam a ser considerados como unidades de programas e também unidades de compilação, o que faz que, sob o ponto de vista prático, sejam de grande utilidade.

Junto com a idéia de agrupar as abstrações vem o conceito de **encapsulamento**. Dizemos que um módulo encapsula todas as definições existentes nele. Além disso, em vários problemas práticos, alguns elementos definidos dentro de um módulo devem ser usados apenas como auxílio ao funcionamento de outras abstrações, e não devem ser conhecidos pelos usuários do módulo. Para diferenciar as abstrações que devem ser usadas apenas dentro dos módulos das que devem ser usadas externamente surgiu o conceito de **ocultação de informação**. Assim, os módulos devem agrupar abstrações, e além disso, ter formas de distinguir as informações visíveis das não-visíveis externamente.

Linguagens como Modula-2 e Ada, por exemplo, possuem formas de denotar os módulos (ou pacotes), e de definir as interfaces externas de cada um deles. Essas linguagens definem os módulos (ou pacotes) em duas partes distintas: a interface, a qual contêm apenas os cabeçalhos das abstrações que podem ser usadas externamente; e o corpo do módulo (ou pacote) contendo a implementação de todas as suas abstrações. O usuário do módulo deverá ter acesso apenas à interface do módulo, a qual define os elementos necessários ao uso, o corpo do módulo é ocultado do usuário.

Essa idéia de módulos, juntamente com ocultação de informação, faz com que tenhamos unidades maiores com interface de uso bem definida, pois as informações internas e externas são diferenciadas. Apesar de nessas linguagens podermos ter módulos como conjuntos de quaisquer abstrações, podemos especializar tal conjunto de forma a conter apenas dados abstratos e formas de transformação desses dados abstratos. Assim, módulos junto com formas de ocultação de informação podem ser usados para definir **tipos abstratos**.

7.4.1 Tipos Abstratos

Vimos no Capítulo 3 que existem os tipos predefinidos nas linguagens de programação. O tipo inteiro, por exemplo, denota um conjunto ordenado de valores, e além disso, temos operações predefinidas para tratar (ou manipular) esses valores: as operações aritméticas e as de comparação que estão relacionadas à ordem dos valores. Um tipo de dados abstrato é denotado por dados elementares do tipo e um conjunto de operações para transformação dos dados.

Quando definimos novos tipos nos programas por meio apenas declaração de um tipo a partir dos prexistentes, não definimos as formas como esses dados devem ser tratados. Quando uma estrutura de pilha de inteiros é definida por um vetor, podemos realizar quaisquer operações permitidas a vetores sobre a dada estrutura. Com isso, poderíamos, por exemplo, acidentalmente retirar um elemento do meio da pilha, mesmo sabendo que tal operação é inválida para tal estrutura (da qual só deveríamos retirar o elemento do topo). Como a declaração de novos tipos não coibe operações equivocadas sobre o tipo e nem a confusão deste com outros tipos de declarações semelhantes, houve a necessidade de se criar mecanismos para construir os tipos abstratos.

Os tipos abstratos definem os dados abstratos e todas as operações permitidas sobre eles, de forma que quaisquer outras operações sobre elementos definidos como daquele tipo são rejeitadas. Essa definição do tipo e todas as operações associadas devem estar em uma unidade de programação, e tal implementação não deverá ser acessível pelo usuário de objetos desse tipo, para quem é permitido apenas o uso do tipo e as respectivas operações. Linguagens como Ada, SML e as linguagens orientadas a objetos provêem mecanismos para a criação de tipos abstratos pelos usuários.

Um exemplo de tipos abstratos pode ser visto com o uso da estrutura de pilhas.

As operações definidas para uma estrutura de pilha denotam o comportamento da mesma:

cria(pilha)	cria uma pilha vazia
vazia(pilha)	testa se uma pilha está vazia
insere(elem, pilha)	insere o elemento no topo da pilha
retira(pilha)	retira o elemento do topo da pilha
topo(pilha)	consulta o elemento do topo da pilha e cria uma cópia

Note que para termos um elemento inicial de pilha, precisamos de uma representação para a pilha vazia. A partir daí, podemos construir e destruir pilhas pelas operações base, além de colocar ou retirar elementos da pilha. O usuário de pilhas precisa apenas conhecer tais operações e não como elas são implementadas e representadas.

Quando as implementações não são acessíveis (informação oculta), evita-se qualquer operação equivocada sobre o tipo pilha. Por outro lado, para cada objeto do tipo pilha, todas as operações base definidas para o tipo estão disponíveis aos usuários do objeto (encapsulamento).

Na linguagem Ada, por exemplo, o tipo abstrato pilha pode ser definido através de pacotes (módulos discutido acima), associado ao mecanismo de ocultação de informação (cláusula `private`). O pacote deve então conter uma interface, a qual define todos os elementos que devem ser visíveis, e os que são internos (ocultos), e mais a parte de implementação `body`).

118 ABSTRAÇÕES

Exemplo 7.11 — Um pacote que define de forma esquemática o tipo abstrato pilha na linguagem Ada é como segue:

```
package pilha_int is
      type Pilha is limited private;
      procedure cria    (p: out Pilha);
      function  vazia   (p: in Pilha);
      procedure insere (elem: in Integer;
                        p: in out Pilha);
      procedure retira (p: in out Pilha);
      function  topo    (p: i Pilha)
                  return Integer;

   private
      type NoPilha;
      type Pilha   is access NoPilha;
      type NoPilha is record
                        elemento  : Integer;
                        restopilha: Pilha;
                        end record;
   end pilha_int;

   package body pilha_int is
      procedure cria    (p: out Pilha);
      begin
         p := null;
      end;

      function  vazia  (p: in Pilha);
      ...
      procedure insere (elem: in Integer;
                        p: in out Pilha);
      ...
```

```
        procedure retira (p: in out Pilha);
        ...
        function  topo   (p: i Pilha)
                         return Integer;
        ...
    end pilha_int;
```

O pacote define, na parte de interface, todos os elementos que são visíveis pelo usuário da pilha e mais os elementos que não são visíveis (entre private e end da primeira parte). Note que a Pilha é declarada como limited private. Isso significa que este novo tipo só pode ser manipulado pelas operações definidas na interface[1]. A implementação segue em um pacote separado (body) e deve conter pelo menos todas as operações de manipulação do tipo contidas na interface. Algumas operações auxiliares poderiam ser definidas na parte de implementação, mas seriam acessíveis apenas localmente e não pelo usuário do tipo.

Para usar o tipo abstrato acima, deve ser incluída no programa a cláusula que indica os pacotes a serem usados e a partir daí o novo tipo pode ser usado como qualquer outro predefinido na linguagem. Como não há acesso à representação do tipo (foi declarada como private), o usuário tem acesso apenas às operações sobre os elementos do tipo definido (da mesma forma que não temos acesso à representação dos números inteiros, apenas os usamos mediante as operações predefinidas).

```
with  pilha_int;        {importa o pacote a ser usado}
   use   pilha_int;
   elem_int: Integer;
   p_int    : Pilha;    {declara p_int do tipo Pilha}
   ...
   cria(p_int);         {aplica operações predefinidas}
   insere(1,p_int);
   ...
   if  not vazia(p_int)  then ...
   ...
```
□

---

[1]Com a cláusula limited as comparações e atribuições, inclusive, de elementos devem estar definidas no próprio pacote.

A linguagem Modula-2 permite que tipos abstratos sejam definidos de forma semelhante à de Ada por seus módulos. Uma diferença fundamental é que em Modula-2 os tipos cuja representação estão ocultas nos módulos devem ser apontadores; os tipos abstratos são sempre representados por apontadores. A linguagem SML provê mecanismos de definição de tipos abstratos de forma explícita pela palavra-reservada `abstype`.

Exemplo 7.12 — O tipo abstrato pilha de inteiros pode ser definido em SML como segue:

```
abstype  pilha_int =     p_vazia
                     | pilha of (int * pilha_int)
   with
       fun cria   = p_vazia
       fun vazia  (p: pilha_int) = (p = p_vazia)
       fun insere (elem: int, p: pilha_int) = pilha(elem,p)
       fun retira (p: pilha_int) = ...
       fun topo   (p: pilha_int) = ...
   end
```

A pilha de inteiros é declarada e sua representação é dada por `p_vazia`, representa a pilha vazia, ou um elemento inteiro seguido de uma pilha de inteiros. As operações são então definidas para este tipo, e elementos definido com ele só podem ser tratados via estas operações predefinidas.

```
fun pilhadois (x:int,y:int) = insere(x,insere(y,p_vazia));
>val pilhadois = fn: int * int -> pilha_int
```

Esta função cria uma pilha com dois elementos. Primeiro é colocado o elemento y, e depois o elemento x, o qual é o elemento do topo. □

As linguagens orientadas a objetos têm como princípio a criação de tipos abstratos por classes, as quais serão vistas a seguir.

7.4.2 Classes

O conceito de **objetos** em linguagens de programação consiste de uma variável oculta juntamente com um conjunto de operações sobre esta variável. O objeto então é responsável pelo seu próprio estado e exporta as operações que podem ser aplicadas sobre os seus dados. As **classes**, elementos de definição das linguagens orientadas a objetos, podem ser vistas como tipos abstratos, uma vez que elas embutem uma representação de dados abstratos e as operações (métodos) que podem manipular tais dados. As classes são os elementos de definição, enquanto os objetos são os elementos de uso das classes (instâncias).

As linguagens orientadas a objetos, tais como Smalltalk, C++ e Java, dão suporte a essa forma de definição de tipos abstratos.

Exemplo 7.13 — O tipo abstrato pilha de inteiros pode ser definido como uma classe na linguagem C++ (esquemático):

```
class pilha {
    private:                (elementos ocultos)
        int *ptr_pilha;
        int elemento;

    public:                 (elementos disponíveis ao usuário)
        pilha(){...}        (cria pilha)
        ~pilha(){...}       (destrói pilha)
        void vazia(){...}
        void insere(int elem){...}
        void retira(){...}
        int topo(){...}
}
```

A classe tem a sua representação de dados ocultada (`private`) e um conjunto de operações que estão disponíveis aos usuários. Aqui, a criação e destruição da `pilha` são definidas por `pilha` e `~pilha`. As outras operações são definidas como nos exemplos anteriores, exceto que os dados abstratos são usados dentro dos métodos sem que tenham sido passados como parâmetros porque cada método é explicitamente aplicado sobre o objeto.

Para o uso do tipo pilha, considere o seguinte trecho de programa:

```
void main(){
    int elem_int;
    pilha p_int;         (1) (cria uma instância de classe pilha)
    ...
    p_int.insere(9);     (2)
    ...
    if (p_int.vazia) ...
    ...
}
```

p_int é um objeto do tipo `pilha` (em (1)). A partir da sua declaração, cada operação é aplicada ao objeto declarado (`p_int.insere(9)`, `p_int.vazia`). □

Cada objeto declarado tem consigo todas as operações que podem ser efetuadas sobre ele. Dessa forma, cada objeto tem as suas próprias transformações, enquanto que nos tipos abstratos anteriores temos uma única definição para todas as instâncias do tipo. Além disso, os objetos aparecem de forma explícita como prefixo de cada uma das suas operações, diferindo também da forma de uso dos tipos predefinidos nas linguagens.

Devemos ressaltar que na maioria das linguagens a associação de tipos abstratos com classes não é válida de forma geral. Alguns problemas surgem quando tentamos associar subtipos com subclasses. As restrições para tal associação serão discutidas no Capítulo 10.

7.4.3 Tipos Abstratos Genéricos

A definição de tipos abstratos em linguagens aumenta sua capacidade de expressão, facilidade de escrita e leitura dos programas. A combinação de tipos abstratos e parametrização de tipos aumenta esta capacidade para que possamos construir tipos abstratos genéricos, os quais podem ser instanciados para tipos abstratos. Em Ada, por exemplo, podemos definir esses tipos abstratos genéricos.

Usando ainda o exemplo da estrutura de pilhas, podemos notar que os mecanismo para construir e manipular as pilhas independem do tipo de dados dos elementos da pilha. Assim podemos criar pilhas genéricas e instanciá-las para os tipos desejados.

Exemplo 7.14 — Um pacote que define de forma esquemática o tipo abstrato genérico pilha na linguagem Ada é como segue [44]:

```
generic
    type tipo_elem is private;
package pilha_gen is
```

```
    type Pilha is limited private;
    procedure cria    (p: out Pilha);
    function  vazia   (p: in Pilha);
    procedure insere (elem: in tipo_elem;
                      p: in out Pilha);
    procedure retira (p: in out Pilha);
    function  topo    (p: i Pilha)
                      return tipo_elem;
private
    type NoPilha;
    type Pilha    is access NoPilha;
    type NoPilha is record
                      elemento  : tipo_elem;
                      restopilha: Pilha;
                  end record;
end pilha_gen;

package body pilha_gen is
    procedure cria    (p: out Pilha);
    begin
       p := null;
    end;

    function  vazia   (p: in Pilha);
    ...
    procedure insere (elem: in tipo_elem;
                      p: in out Pilha);
    ...
    procedure retira (p: in out Pilha);
    ...
    function  topo    (p: i Pilha)
                      return tipo_elem;
    ...
end pilha_gen;
```

o tipo do elemento da pilha é genérico (`tipo_elem`) e pode ser instanciado com um tipo existente na linguagem

```
package pilha_int   is new  pilha_gen(Integer);
package pilha_carac is new  pilha_gen(Character);
```

Aqui, os tipos abstatos pilhas de inteiros e de caracteres são criados como instâncias do tipo `pilha_gen`. □

A linguagem C++ tem um mecanismo semelhante de definição de classes genéricas por `templates`. Como SML é essencialmente polimórfica, os seus tipos abstratos também podem ser generalizados.

7.5 LEITURA RECOMENDADA

A idéia de encapsulamento foi inicialmente definida por D. Parnas em [30]. Uma classificação sobre abstrações em linguagens de programação com o objetivo de reutilização pode ser vista em [47].

O poder de expressão conseguido com parametrização em linguagens de programação é discutido por Goguen em [21]. Leitores interessados em uma definição mais acurada sobre tipos e abstração de dados vejam [15] e [42].

7.6 EXERCÍCIOS

1. Em projetos de linguagens mais antigas como Fortran, todos os parâmetros eram passados por referência. Discuta as vantagens e desvantagens.

2. Na linguagem C, todos os *arrays* são passados por referência. Pesquise os argumentos dos projetistas dessa linguagem para tal decisão de projeto. Existem argumentos contra?

3. A maioria das linguagens permite apenas que valores simples sejam resultados de funções. Algumas outras linguagens, como SML, admitem que o valor resultado seja inclusive uma função. Dê um exemplo no qual seria conveniente um valor resultado como um valor composto.

4. Projete o tipo abstrato pilha em uma linguagem como C ou Pascal, a estrutura de dados e as operações necessárias, todos em um único programa.

5. Discuta o que se faz necessário ao programador usuário do tipo pilha definido na questão anterior para o uso adequado na linguagem de um tipo abstrato.

6. Qual a diferença de se ter em uma linguagem o recurso de definir um novo apenas tipo por declarações de tipos predefinidos, de outra que admite a definição de tipos abstratos?

7. Complemente a definição esquemática do tipo pilha mostrado neste capítulo.

8. Defina o tipo abstrato lista ligada em uma das linguagens que dá suporte a tipos abstratos, tais como Modula-2, Ada, C++ ou Java. Mostre a relação, semelhanças e diferenças, entre o tipo pilha definido na questão anterior e o tipo lista ligada aqui definido.

Parte II

Paradigmas e linguagens de programação

Na parte II, apresentamos os principais paradigmas conceituais para construção de programas. Cada um deles tem induzido à construção de linguagens específicas, que exploram e evidenciam de forma mais direta e natural os conceitos correspondentes a cada paradigma.

Apresentamos os seguintes paradigmas de programação: funcional (Capítulo 8), imperativo (Capítulo 9), orientado a objetos (Capítulo 10), baseado em lógica (Capítulo 11) e baseado em satisfações de restrições (Capítulo 12). Novos paradigmas surgem ocasionalmente, e alguns se firmam como representativos de uma escola de construção de programas. Apresentando os paradigmas que atualmente se mostram como os mais representativos, esperamos também implicitamente caracterizar o que pode tornar um novo paradigma proposto algo importante para os pesquisadores e para a indústria.

Os diferentes paradigmas estão apresentados segundo uma ordenação que nos pareceu a mais didática, pensando no leitor que pretenda estudar todos eles. Os capítulos na Parte II, entretanto, são independentes entre si. Assim, o leitor interessado em algum paradigma específico pode saltar para o capítulo correspondente sem dificuldades. Caso algum leitor prefira ler esses capítulos seguindo uma ordem por ele escolhida, isso também pode ser feito sem comprometer a legibilidade do texto.

8
Programação Funcional

> "I must reduce myself to zero"
> *Mahatma Gandhi*

Durante os anos 30 surgiram dois modelos computacionais abstratos:

1. a máquina de Turing, proposta por Alan Turing;
2. o λ-cálculo, proposto por Alonzo Church.

A base da máquina de Turing é o conceito de endereços de memória, cujo conteúdo é inspecionado e modificado por instruções. Existe, portanto, uma separação conceitual que coloca de um lado as variáveis e seu conteúdo e de outro os comandos que manipulam essas variáveis, lendo e modificando seu conteúdo.

A máquina de Turing serviu de fundamento para a arquitetura de computadores proposta por John von Neumann, bem como para o paradigma de programação conhecido como *programação imperativa*, que é estudado no Capítulo 9.

A base do λ-cálculo é o conceito de avaliação de funções matemáticas, sendo esse o fundamento essencial da *programação funcional*.

Um programa puramente funcional é uma expressão que caracteriza uma função matemática, juntamente com um elemento do domínio daquela função. A execução de um programa funcional é um processo computacional que permite determinar qual o elemento da imagem da função que corresponde ao elemento do domínio fornecido como parte do programa.

Esse processo se dá por meio de transformações sucessivas do programa, que devem convergir para o resultado desejado. Essas transformações recebem o nome de *reduções*. Devemos alertar o leitor que, apesar do nome, a redução de uma expressão funcional não necessariamente torna essa expressão "mais curta". Sem fazer uso de uma notação específica para programas funcionais, podemos por exemplo considerar a função $f(X) = X^X$. Se $X = 4$, a expressão inicial 4^4 é *reduzida* para o valor 256, embora 4^4 tenha somente dois dígitos e 256 tenha três dígitos.

Nesse capítulo, nos concentramos na programação puramente funcional, ou seja, consideramos somente programas puramente funcionais conforme descrito acima e estudamos os elementos que devem fazer parte de uma linguagem de programação para codificar e executar de forma conveniente esses programas.

Alguns conceitos e recursos bastante usuais em programação não fazem parte da programação puramente funcional, como, por exemplo, recursos para entrada e saída de dados e compartilhamento de variáveis. Conforme será detalhado no Capítulo 9, esses conceitos são típicos de programas imperativos. A maioria das linguagens para construção de programas funcionais incorpora alguns desses recursos "extrafuncionais", o que facilita e agiliza a construção de programas, podendo, entretanto, dificultar bastante a análise dos programas construídos.

8.1 FUNDAMENTOS: O λ-CÁLCULO

Um programa funcional é composto por uma única expressão, que descreve detalhadamente uma função e um elemento do domínio daquela função. A redução de um programa consiste em substituir uma parte da expressão original, obedecendo a certas regras de reescrita.

Em geral, três propriedades essenciais são exigidas de qualquer conjunto de regras de reescrita:

1. **correção**: cada uma das regras, individualmente, deve preservar o significado das expressões. Ou seja, a interpretação de uma expressão antes e depois de uma redução deve ser a mesma.

2. **confluência**: se mais de uma regra for aplicável a uma expressão, a ordem de aplicação deve ser indiferente.

3. **terminação**: o conjunto de regras não deve permitir, para qualquer expressão, que uma seqüência de reduções produza uma expressão idêntica a ela, caso contrário tal expressão não poderia ser calculada.

Correção é uma propriedade semântica. Para que ela seja válida para qualquer expressão, é exigido que alguma convenção para codificar funções e seus parâmetros seja obedecida.

Confluência e terminação são propriedades sintáticas, pois elas independem de como os símbolos no programa são interpretados. A combinação dessas duas propriedades permite que sejam construídas estratégias genéricas para redução de expressões, as quais sejam computacionalmente eficientes e garantidamente resolvam qualquer problema codificado como um programa puramente funcional.

A base formal para construir um conjunto de regras de reescrita com as propriedades acima, conveniente para a programação puramente funcional, é o λ-cálculo, desenvolvido pelo matemático Alonzo Church nos anos 30.

O λ-cálculo tem três operações básicas, denominadas **substituição**, **aplicação** e **abstração**.

A substituição indica a troca textual de todas as ocorrências de uma variável em uma expressão por uma outra expressão. Se F e G são expressões, a substituição $F[X \leftarrow G]$ denota a expressão F com todas as ocorrências da variável X trocadas por G.

A aplicação indica a avaliação de uma função para um dado elemento de seu domínio. Se F é a expressão que codifica uma função e A é um elemento de seu domínio, a aplicação $(F)A$ denota o valor de F em A.

A abstração é o recurso básico para codificar funções, indicando quais símbolos em uma expressão são variáveis (no sentido matemático). Se F é uma expressão, então $\lambda X.F$ é o mapeamento de todos os valores que a variável X pode assumir para as substituições das ocorrências de X em F por aqueles valores.

Exemplo 8.1 — Seja F a expressão $X + 5$, sendo X uma variável. Essa expressão é indeterminada, no sentido que a variável X está livre para assumir qualquer valor arbitrário.

- A substituição $[X \leftarrow 4]$ denota a troca das ocorrências de X por 4. O resultado da substituição $F[X \leftarrow 4]$ é a expressão $4 + 5$.

- A abstração $\lambda X.F$ — ou seja, $\lambda X.(X + 5)$ — denota a função matemática que, para cada valor de X, associa o valor $X + 5$. Nessa expressão, a variável X não está mais livre para assumir um valor arbitrário: ela denota a aplicabilidade da expressão $X + 5$ a *todos* os valores possíveis para X.

- A aplicação $\lambda X.(X + 5)4$ "particulariza" a expressão genérica $\lambda X.(X + 5)$ para o valor $X = 4$. Essa última expressão é um típico programa puramente funcional. Um sistema de reduções deve permitir que se produza a seqüência de expressões $\lambda X.(X + 5)4 \Longrightarrow 4 + 5 \Longrightarrow 9$. □

Substituições, aplicações e abstrações compõem expressões a partir de constantes e variáveis. No λ-cálculo básico, as variáveis e constantes não têm tipos definidos. Seja

$\mathcal{C} = \{c_1, c_2,...\}$ um conjunto de constantes e $\mathcal{V} = \{X_1, X_2, ...\}$ um conjunto de variáveis. Um λ-termo é definido indutivamente da seguinte maneira:

- qualquer elemento de $\mathcal{C}$ é um λ-termo;
- qualquer elemento de $\mathcal{V}$ é um λ-termo;
- se $X \in \mathcal{V}$ e F é um λ-termo, então $[X \leftarrow F]$ também é um λ-termo;
- se F e G são λ-termos, então a aplicação $(F)G$ também é um λ-termo;
- se F é um λ-termo e $X \in \mathcal{V}$ é uma variável, então a abstração $\lambda X.F$ também é um λ-termo.

O conjunto de *variáveis livres* em um λ-termo é o conjunto de variáveis que ocorrem "sem um λ à sua frente". Formalmente, esse conjunto é construído assim. Seja $\mathcal{L}_F$ o conjunto de variáveis livres do λ-termo F:

- se $F = X \in \mathcal{V}$, então $\mathcal{L}_F = \{X\}$;
- se $F = c \in \mathcal{C}$, então $\mathcal{L}_F = \{\}$;
- se $F = (G)H$, então $\mathcal{L}_F = \mathcal{L}_G \cup \mathcal{L}_H$;
- se $F = \lambda X.G$, então $\mathcal{L}_F = \mathcal{L}_G - \{X\}$;

Um λ-termo é chamado de *fechado* se o seu conjunto de variáveis livres for vazio. Os recursos com os quais contamos para "fechar" um λ-termo são a abstração (conforme visto acima, na definição de λ-termos fechados) e as reduções (conforme visto a seguir).

O λ-cálculo é extremamente econômico. Somente duas regras de redução são definidas, denominadas de *redução α* e *redução β*:

1. $\alpha: \lambda X_1.F \Longrightarrow \lambda X_2.F[X_1 \leftarrow X_2]$, ou seja, a troca de nomes de variáveis é permitida;

2. $\beta: \lambda (X.F)G \Longrightarrow F[X \leftarrow G]$, ou seja, uma abstração seguida de uma aplicação correspondem à definição de uma função (abstração) e de sua avaliação em um ponto específico (aplicação).

Essas duas reduções, entretanto, são de uma engenhosidade admirável:

- O aninhamento de abstrações permite definir funções com múltiplos argumentos.
- O sistema de reduções composto pelas reduções α e β apresenta as propriedades de confluência e terminação.
- Finalmente, conforme demonstrado por Church, os números naturais e todas as funções computáveis podem ser representados utilizando o λ-cálculo com somente essas duas regras de redução.

As demonstrações de todos esses resultados, conforme pode-se imaginar, não são imediatas. Ao leitor interessado nos aspectos matemáticos fundamentais da teoria da computação, recomendamos consultar [9] para uma exposição clara das demonstrações desses resultados.

A conseqüência prática desses resultados é a garantia de satisfação das três propriedades básicas mencionadas anteriormente (correção — ao menos para as funções computáveis — confluência e terminação).

Segundo a teoria do λ-cálculo, definimos um programa funcional (juntamente com seus dados de entrada) como uma expressão representando um λ-termo fechado. A execução de um programa funcional consiste na aplicação exaustiva das regras de redução. A resposta do programa é o λ-termo resultante do processo de redução exaustiva.

Apresentada dessa forma, porém, dificilmente a programação funcional poderia ser considerada como mais do que um exercício teórico de reconstrução matemática dos fundamentos da computação. Para que possam ser construídos programas de porte e interesse "práticos", os seguintes elementos são em geral preconstruídos em uma linguagem de programação funcional:

- Tipos de dados básicos, já codificados utilizando uma notação adequada. Em geral, esses tipos são:
    - números inteiros;
    - números de ponto flutuante;
    - valores booleanos ("verdadeiro" e "falso");
    - constantes simbólicas;
    - caracteres e cadeias de caracteres;
    - listas.

- Funções e relações usuais para esses tipos de dados (aritmética para os tipos numéricos, relações de ordem para os tipos numéricos e baseados em caracteres, concatenação e seleção de elementos para listas, etc.) são também predefinidas e codificadas utilizando uma notação adequada.

- Declaração de subexpressões com nomes, caracterizando dessa forma algo semelhante ao conceito usual de procedimentos.

- Uma estratégia cuidadosamente construída para desenvolver seqüências de reduções, visando maximizar a eficiência das reduções para a maioria dos programas funcionais.

8.2 VARIÁVEIS E TIPOS DE DADOS

Conforme mencionado acima, os tipos de dados em programação funcional são na realidade "atalhos" para facilitar a construção de programas. De um ponto de vista matematicamente "purista", eles poderiam ser construídos passo a passo cada vez que um programa fosse construído, mas evidentemente essa não é uma alternativa sensata para construir programas grandes.

Os seguintes tipos de dados fazem parte da maioria das linguagens de programação funcional, juntamente com as respectivas operações e relações implementadas como funções:

- números inteiros;
- números de ponto flutuante;
- valores booleanos ("verdadeiro" e "falso");
- constantes simbólicas;
- caracteres e cadeias de caracteres.

Adicionalmente, as linguagens de programação funcional apresentam também como tipo predefinido listas. As operações predefinidas para listas são concatenação e seleção de elementos, a partir das quais outras operações podem ser definidas. Outros tipos compostos de dados (árvores, grafos, etc.) em geral ficam a cargo do programador, para serem construídos com base em listas.

Um terceiro tipo de dados presente nas linguagens de programação funcional é o tipo *função*. Esse tipo permite que subexpressões recebam um nome, possibilitando dessa forma a construção de procedimentos (estamos propositalmente evitando nesse capítulo de chamar a construção de procedimentos de um processo de abstração, para evitar confusão com a operação de abstração do λ-cálculo).

Algumas linguagens de programação funcional são fortemente tipadas, ou seja as variáveis são criadas com tipos definidos e esses tipos são verificados antes de qualquer vinculação de valores. A maioria das linguagens de programação funcional, entretanto, obedece à formulação original do λ-cálculo, de forma que as variáveis adotam livremente os tipos do que estiver sendo atribuído a elas.

8.3 EXPRESSÕES E PROGRAMAS

Um programa funcional é uma única expressão. Para facilitar a construção de programas funcionais, essa expressão pode ser "quebrada" em subexpressões, utilizando o recurso do tipo de dados *função*: são criados nomes de funções, que são variáveis cujos valores são funções. Quando essas variáveis são colocadas dentro de uma expressão maior, os seus valores são substituídos dentro daquela expressão.

Todos os conceitos vistos até aqui devem ser melhor esclarecidos se tomarmos alguns pequenos exemplos concretos.

Exemplo 8.2 — **Polinômio:** dado um número inteiro $X_0 = 4$ e o polinômio do segundo grau $X^2 + X + 1$, calcular o valor do polinômio para $X = X_0$.

Esse programa funcional é a abstração do polinômio, aplicada ao valor X_0. Ou seja,

$$\lambda X.(X^2 + X + 1)4$$

Deve ser observado que, nesse exemplo, já estamos assumindo como preexistentes as operações aritméticas para inteiros. Sendo assim, a redução β nos fornece o resultado esperado:

$$\lambda X.(X^2 + X + 1)4 \Longrightarrow 4^2 + 4 + 1 \Longrightarrow 21$$

A última redução na realidade embute diversas reduções, referentes às avaliações dos operadores aritméticos presentes na expressão original.

O polinômio pode ser "armazenado" em uma variável como um procedimento, que pode ser "invocado" a partir de uma expressão:

$$\text{polinômio} = \lambda X.(X^2 + X + 1)$$

Esse λ-termo pode então ser utilizado, resultando na mesma seqüência de reduções acima:

$$\text{polinômio } 4 = \lambda X.(X^2 + X + 1)4 \Longrightarrow 4^2 + 4 + 1 \Longrightarrow 21 \qquad \square$$

Exemplo 8.3 — **Fatorial:** dado um número natural $X_0 = 4$, calcular o seu fatorial.

Esse exemplo é semelhante ao anterior, exceto que a função fatorial é recursiva, sendo assim a sua abstração deve expressar o caso base e a generalização indutiva. O caso base é uma constante — se X = 0 a função deve retornar o valor 1. Para a generalização indutiva, é necessário referenciar explicitamente a mesma abstração para um novo valor dependente de X — o fatorial de X quando $X > 0$ vale $X \times$ fatorial de X-1.

O recurso de armazenar λ-termos em variáveis permite expressar o fatorial de forma bastante compacta:

$$\text{fatorial} = \lambda X.(\text{se } X = 0 \text{ então } (1) \text{ senão fatorial}(X-1)))$$

A utilização desse λ-termo para o valor 4 pode então ser expressa como:

$$\begin{aligned}
\text{fatorial } 4 \ &\Longrightarrow 4 \times \text{fatorial } 3 \\
&\Longrightarrow 4 \times 3 \times \text{fatorial } 2 \\
&\Longrightarrow 4 \times 3 \times 2 \times \text{fatorial } 1 \\
&\Longrightarrow 4 \times 3 \times 2 \times 1 \times \text{fatorial } 0 \\
&\Longrightarrow 4 \times 3 \times 2 \times 1 \times 1 \\
&\Longrightarrow 4 \times 3 \times 2 \times 1 \\
&\Longrightarrow 4 \times 3 \times 2 \\
&\Longrightarrow 4 \times 6 \\
&\Longrightarrow 24
\end{aligned}$$

Existe aqui implícita a definição de uma estratégia para a seqüência de reduções. A função fatorial é considerada "prioritária", e nada mais é avaliado enquanto ela não desaparece do λ-termo que está sendo reduzido. Para formar uma imagem visual, é como se fôssemos mergulhando e nos aprofundando no λ-termo inicial (fatorial 4) até atingir o caso base da definição do fatorial, para só então passar a efetuar as multiplicações ao "retornar gradativamente à superfície" (Figura 7).

Alternativamente, poderíamos efetuar multiplicações toda vez que tivéssemos uma oportunidade. Nesse caso, teríamos a resposta desejada assim que a última ocorrência do termo "fatorial" fosse reduzida (Figura 8).

```
        fatorial 4                          24
            ⇓                               ⇑
        4 × fatorial 3                    4 × 6
            ⇓                               ⇑
       4 × 3 × fatorial 2                4 × 3 × 2
            ⇓                               ⇑
      4 × 3 × 2 fatorial 1              4 × 3 × 2 × 1
            ⇓                               ⇑
    4 × 3 × 2 × 1 × fatorial 0  ⇒    4 × 3 × 2 × 1 × 1
```

Figura 7 — Reduções "de dentro para fora" ou "a priori" — fatorial

$$\begin{aligned}
\text{fatorial 4} &\Rightarrow 4 \times \text{fatorial 3} \\
&\Rightarrow 4 \times 3 \times \text{fatorial 2} \\
&\Rightarrow 12 \times \text{fatorial 2} \\
&\Rightarrow 12 \times 2 \times \text{fatorial 1} \\
&\Rightarrow 24 \text{ fatorial 1} \\
&\Rightarrow 24 \times 1 \times \text{fatorial 0} \\
&\Rightarrow 24 \times \text{fatorial 0} \\
&\Rightarrow 24 \times 1 \\
&\Rightarrow 24
\end{aligned}$$

A primeira estratégia é denominada **de dentro para fora** ou *a priori*. A segunda estratégia é denominada **de fora para dentro** ou *sob demanda*. Elas serão melhor explicadas na próxima seção.

```
              fatorial 4
                 ⇓
              4 × fatorial 3
                 ⇓
      4 × 3 × fatorial 2    ⇒    12 × fatorial 2
     12 × 2 × fatorial 1    ⇐         ⇓
              ⇓             ⇒    24 × fatorial 1
     24 × 1 × fatorial 0    ⇐         ⇓
              ⇓             ⇒    24 × fatorial 0
            24 × 1          ⇐         ⇓
              ⇓
              24
```

Figura 8 — Reduções "de fora para dentro" ou "sob demanda" — fatorial. □

Exemplo 8.4 — **Manipulação de listas:** dada uma lista de números inteiros, fornecer:

1. o primeiro elemento da lista;
2. o último elemento da lista;
3. a lista contendo os mesmos elementos dispostos na ordem inversa.

Assumimos aqui como preexistentes o tipo de dados *lista* e algumas operações sobre listas. Para esse exemplo específico, utilizamos as operações de agregação e de concatenação de listas. Utilizaremos também a comparação literal de listas:

- denotamos uma lista como uma seqüência de elementos delimitados por colchetes e separados por vírgula. Por exemplo, a lista composta pelos inteiros consecutivos de 1 a 5 é escrita como [1,2,3,4,5].

- a construção de uma lista ocorre, na verdade, pela composição de uma função de *agregação* de elementos, que denotamos como (:). Assim, uma notação alternativa para a lista acima — que indica como ela foi construída — é (1:(2:(3:(4:(5:[]))))).

- a *concatenação* de duas listas é uma terceira lista composta pelos elementos da primeira lista seguidos dos elementos da segunda lista. Denotamos essa operação como (++). Por exemplo, o resultado da operação [1,2,3] ++ [4,5] é a lista [1,2,3,4,5].

- a *comparação literal* de duas listas é denotada como (==). Se duas listas forem literalmente idênticas, o resultado da comparação é "verdadeiro", caso contrário é "falso".

O primeiro elemento de uma lista é definido para listas com pelo menos um elemento.

Ele é expresso pelo seguinte λ-termo:

$$\text{primeiro} = \lambda\ (X\!:Lista)X$$

O último elemento de uma lista é um pouco mais complexo. Ele é expresso pelo seguinte λ-termo:

$$\text{último} = \lambda\ (X\!:Lista)\ .\ (\text{se } Lista == [\,]\ \text{então } X \text{ senão último } Lista))$$

Para inverter uma lista, precisamos de um λ-termo como o apresentado abaixo:

$$\text{inverte} = \lambda\ (X\!:Lista)\ .\ (\text{se } Lista == [\,]\ \text{então } [X]\ \text{senão inverte } Lista\ ++\ [X]))$$

A aplicação desses λ-termos à lista [1,2,3,4,5] resulta nas seqüências de reduções delineadas abaixo:

- primeiro 1,2,3,4,5] ⇒ 1.
- último [1,2,3,4,5] ⇒ último [2,3,4,5] ⇒ último [3,4,5] ⇒ último [4,5] ⇒ último [5] ⇒ 5.

A aplicação do λ-termo inverte depende da estratégia de redução utilizada. Se a estratégia for **de dentro para fora** *(a priori)*, o resultado é:

- inverte [1,2,3,4,5] ⇒ inverte [2,3,4,5] ++ [1] ⇒ inverte [3,4,5] ++ [2] ++ [1] ⇒ inverte [4,5] ++ [3] ++ [2] ++ [1] ⇒ inverte [5] ++ [4] ++ [3] ++ [2] ++ [1] ⇒ [5] + + [4] ++ [3] ++ [2] ++ [1] ⇒ [5,4] ++ [3] ++ [2] ++ [1] ⇒ [5,4,3] ++ [2] ++ [1] ⇒ [5,4,3,2] ++ [1] ⇒ [5,4,3,2,1].

Se a estratégia for **de fora para dentro** *(sob demanda)*, o resultado é:

- inverte [1,2,3,4,5] ⇒ inverte [2,3,4,5] ++ [1] ⇒inverte [3,4,5] ++ [2] ++ [1] ⇒ inverte [3,4,5] ++ [2,1] ⇒ inverte [4,5] ++ [3] ++ [2,1] ⇒ inverte [4,5] ++ [3,2,1] ⇒ inverte [5] ++ [4] ++ [3,2,1] ⇒ {inverte [5] ++ [4,3,2,1] ⇒ [5] ++ [4,3,2,1] ⇒ [5,4,3,2,1]. □

8.4 ESTRATÉGIAS PARA REDUÇÕES

As propriedades de confluência e terminação garantem que qualquer seqüência de reduções deve levar ao mesmo resultado final. Diferentes estratégias para organizar essas seqüências, entretanto, podem levar a seqüências menores para λ-termos específicos.

Uma área de pesquisas interessante e desafiadora é o desenvolvimento de estratégias para construir eficientemente seqüências de reduções para λ-termos genéricos, e/ou o desenvolvimento de estratégias especializadas e identificadores para decidir a melhor estratégia a utilizar dependendo de alguma característica de formação de um λ-termo.

As duas estratégias fundamentais e mais freqüentemente utilizadas nas linguagens para programação funcional são as estratégias apresentadas nos exemplos acima, denominadas de **de dentro para fora** *(a priori)* e **de fora para dentro** *(sob demanda)*. Os termos em inglês utilizados para denominar essas duas estratégias são *eager* (gananciosa) e *lazy* (sossegada).

As estratégias em si puderam ser depreendidas a partir dos exemplos apresentados. O motivo dessa curiosa denominação pode ser apreciado se fizermos uma analogia com estratégias observadas na prática para colecionar livros e formar uma biblioteca particular:

- É freqüente encontrarmos bibliófilos que apreciam colecionar livros para leitura posterior. Muitos desses bibliófilos gostam de sonhar com um dia em que, aposentados, poderão finalmente ler todos os livros adquiridos ao longo da vida. Em casos extremos, os bibliófilos não lêem nada até o dia que se aposentam.

- Outro perfil encontrado — especialmente nos corredores das universidades — são compradores de livros que contam com recursos financeiros escassos. Esses compradores, para reduzir gastos, freqüentemente se auto-infligem disciplinas rigorosas, como, por exemplo, nunca adquirir um novo livro sem ter explorado completamente os anteriormente comprados.

A primeira estratégia é "gananciosa" e a segunda estratégia é "sossegada", utilizando a denominação acima. Nenhuma das estratégias é universalmente melhor que a outra: um "ganancioso" pode ter muitos livros para adquirir e passar a vida toda comprando livros, sem nunca ler nada. Um "sossegado", por outro lado, pode um dia se deparar com um livro muito extenso e complexo e ficar "preso" naquele livro.

O mesmo ocorre com os programas funcionais. Se a estratégia adotada for **de dentro para fora** e existir no λ-termo inicial uma função que nunca desapareça utilizando reduções, a tentativa repetida de aplicar aquela função a novos termos antes de qualquer outra redução pode levar a um laço de repetições infinitas, sem a apresentação de quaisquer resultados intermediários que poderiam ser úteis. Da mesma forma, se a estratégia adotada for **de fora para dentro** e surgir em algum λ-termo produzido durante as reduções alguma função cuja aplicação seja computacionalmente difícil e demorada, a computação das reduções pode ficar "presa" naquela função.

De maneira geral, as reduções geradas **de fora para dentro** permitem colecionar resultados intermediários, mas gerar reduções **de dentro para fora** é mais fácil de implementar — dessa forma permitindo a construção de interpretadores e compiladores mais compactos.

8.5 A LINGUAGEM HASKELL

A linguagem Haskell surgiu em 1987, como resultado das pesquisas principalmente de Simon Peyton Jones. Desde então, essa linguagem de programação tem se firmado como uma excelente implementação dos conceitos de programação funcional. Naturalmente existem outras linguagens para programação funcional disponíveis, que são inclusive melhor conhecidas que Haskell. Dentre essas linguagens, podemos destacar as linguagens SML e Lisp.

Escolhemos a linguagem Haskell para destacar neste capítulo porque ela implementa de maneira mais cuidadosa os conceitos originais do λ-cálculo. Comparando com SML e LISP, Haskell é a única linguagem que apresenta uma estratégia para redução de λ-termos **de fora para dentro** (*sob demanda*), à parte da *Lazy* ML.

Essa linguagem apresenta muitos recursos, os quais possibilitam que programas de porte relativamente grande sejam executados com eficiência. Assim, ela tem sido utilizada para resolver com sucesso problemas significativos na indústria. Mais informações sobre as aplicações da linguagem Haskell podem ser encontradas em http://www.Haskell.org.

Nessa seção apresentaremos somente a implementação em Haskell dos exemplos vistos na seção anterior. Recomendamos ao leitor interessado que instale um interpretador Haskell em seu computador, insira o código apresentado abaixo no interpretador e efetue as reduções das expressões inseridas. Essa é uma boa forma de conduzir o leitor a resultados práticos com base na teoria apresentada.

Em Haskell, um λ-termo representando uma função recebe sémpre um nome. Associado a esse nome, é indicado o **tipo da função**, ou seja os tipos respectivamente dos elementos do domínio e da imagem da função. Por exemplo, a função polinômio da seção anterior recebe um número inteiro e responde com outro número inteiro. O tipo dessa função é declarado em Haskell como:

- ```polinômio :: Integer -> Integer```

O λ-termo propriamente dito é declarado de forma muito semelhante à apresentada anteriormente. O λ-termo polinômio = λ $X.(X^2 + X + 1)$ é escrito em Haskell como:

- ```polinômio x = x * x + x + 1```

O programa em Haskell que implementa o cálculo do polinômio apresentado anteriormente é composto por essas duas declarações. Esse programa é ativado determinando o valor inteiro ao qual se quer aplicar a função:

- ```polinômio 4.```

A redução dessa expressão resulta no valor esperado 21.

A função ```fatorial``` é implementada em Haskell como:

- ```fatorial :: Integer -> Integer```
- ```fatorial x = if x==0 then 1 else x * fatorial (x - 1)```

A ativação

- ```fatorial 4```

produz o resultado esperado 24.

A função `primeiro` tem como domínio o conjunto das listas de inteiros, e fornece como respostas valores inteiros. O tipo dessa função é declarado como:

- `primeiro :: [Integer] -> Integer`.

A notação `[Integer]` denota o conjunto das listas cujos elementos são números inteiros. A notação `Integer`, como nos exemplos anteriores, denota o conjunto dos números inteiros.

A declaração correspondente ao λ-termo que caracteriza essa função é:

- `primeiro (x:lista) = x`.

De maneira semelhante, as declarações de tipos e dos λ-termos correspondentes às funções `último` e `inverte` são:

- `último :: [Integer] -> Integer`
- `último (x:lista) = if lista==[] then x else último lista`
- `inverte :: [Integer] -> [Integer]`
- `inverte (x:lista) = if lista==[] then [x] else (inverte lista) ++ [x]`

8.6 LEITURA RECOMENDADA

Os aspectos teóricos da programação funcional, principalmente relativos ao λ-cálculo, são apresentados de forma resumida em [10]. Uma apresentação bastante mais extensa pode ser encontrada em [9]. Em [28] encontramos outra exposição dos fundamentos de processos computacionais com base no λ-cálculo.

Em [44] encontramos uma apresentação mais "leve" da programação funcional, que exige menos maturidade matemática do leitor. Esse material pode ser utilizado como um texto introdutório ao assunto.

Existe um endereço na Internet dedicado à linguagem Haskell, que é http://www.Haskell.org. Diversas implementações dessa linguagem podem ser encontradas a partir desse endereço, incluindo o interpretador/compilador HUGS, que pode ser instalado em diferentes plataformas (Unix/Linux, Windows, MacOS, etc.).

8.7 EXERCÍCIOS

1. Construa um λ-termo correspondente à função de Fibonacci. A função de Fibonacci é uma função definida para os números naturais, tal que (1) Fib(0) = 0, (2) Fib(1) = 1 e (3) Fib(n+2) = Fib(n) + Fib(n+1) para ≥ 0. Implemente a sua solução como um programa em Haskell e teste o programa.

2. Construa um λ-termo correspondente à função $f(X) = \Sigma_0^X$, sendo X um número natural. Implemente a sua solução como um programa em Haskell e teste o programa.

3. Construa um λ-termo correspondente à função que, dada uma lista de números inteiros, retorna o maior elemento dessa lista. Implemente a sua solução como um programa em Haskell e teste o programa.

4. Construa um λ-termo correspondente à função que, dada uma lista de números inteiros, retorna uma lista contendo os mesmos elementos da lista original colocados em ordem crescente. Implemente a sua solução como um programa em Haskell e teste o programa.

5. Todas as funções vistas nos exemplos e exercícios até aqui são funções com um único argumento. Funções com múltiplos argumentos podem ser expressas pelo aninhamento de abstrações. Além disso, podemos construir em Haskell listas de listas, que são o recurso fundamental para a construção de tipos de dados mais complexos — como, por exemplo, árvores e grafos. Construa um λ-termo correspondente à função que, dada uma lista de números inteiros e um número inteiro, retorna uma lista de listas de números inteiros, cujos elementos são duas listas. A primeira dessas listas deve conter os elementos da lista originalmente fornecida, que são menores que o número fornecido, e a segunda lista deve conter os elementos da lista original, que são maiores que ou iguais ao número fornecido. Implemente a sua solução como um programa em Haskell e teste o programa.

6. Construa um λ-termo correspondente à função que, dada uma lista de números inteiros, retorna uma lista contendo os mesmos elementos da lista original colocados em ordem crescente. Utilize os resultados do exercécio anterior para que o método de ordenação implementado seja o *quicksort*. Implemente a sua solução como um programa em Haskell e teste o programa.

9
Programação imperativa

"L'homme est né libre, et partout il est dans les fers"
Jean-Jacques Rousseau

Assim como o fundamento para a programação funcional é o λ-cálculo, o fundamento para a programação imperativa é o conceito de **máquina de Turing**. A máquina de Turing é uma abstração matemática — proposta pelo pesquisador Alan Turing nos anos 30, daí o nome como ela é conhecida hoje em dia — que corresponde ao conjunto de funções computáveis. Essa caracterização das funções computáveis foi aproximada por John von Neumann a uma arquitetura de computadores que fundamenta os computadores construídos até hoje. Existe, portanto, uma ligação entre a programação imperativa e a arquitetura dos computadores "concretos", que talvez explique parcialmente o sucesso desse paradigma de programação.

Um outro motivo para o sucesso da programação imperativa é a sua fundamentação em si. A essência da programação imperativa (e também da máquina de Turing) se resume a três conceitos:

1. A descrição de estados de uma máquina abstrata por valores de um conjunto de variáveis, sendo que uma variável é um identificador de um *local* — um endereço físico de memória, por exemplo — que atua como repositório para determinado conjunto de valores.

2. Reconhecedores desses estados, que são expressões compostas por relações entre valores e/ou resultados de operações utilizando valores. Alguns desses valores podem ser substituídos por variáveis e nesse caso o valor presente na variável será o valor utilizado na expressão.

3. Comandos, que podem ser de dois tipos:

    a) comandos de atribuição, que constroem valores efetuando operações a partir de valores preexistentes e atualizam os conteúdos de variáveis;

    b) comandos de controle, que determinam qual o próximo comando a ser executado.

A execução de um programa imperativo se assemelha, portanto, à simulação da operação de uma máquina física. Cada estado da máquina, uma vez reconhecido, leva a uma seqüência de ações. As ações alteram o estado da máquina, suscitando novas ações e assim por diante até que seja reconhecido um "estado final", que indica a conclusão de uma tarefa.

Uma "máquina física" pode ser um equipamento industrial, toda uma fábrica, uma estrutura administrativa em operação, um modelo econômico de mercado, etc. Podemos depreender daqui o grande espectro de aplicabilidade de programas imperativos.

As linguagens no paradigma imperativo têm sido usadas nas várias áreas de aplicação. Grande parte da automação bancária, por exemplo, é ainda hoje implementada nas linguagens imperativas. Projetos científicos em universidades e órgãos de pesquisa também são, na sua maioria, implementados em linguagens imperativas. Uma das razões para termos a grande aplicação dessas linguagens é de caráter histórico: os primeiros projetos de linguagens comercialmente utilizadas foram no paradigma imperativo. Uma outra razão é a proximidade dessas linguagens às máquinas existentes, o que faz com que sejam implementadas de forma mais eficiente que algumas linguagens em outros paradigmas.

9.1 VARIÁVEIS, VALORES E TIPOS

Todos os valores e tipos de valores apresentados no Capítulo 3 são encontrados nas linguagens de programação imperativa. Evidentemente que diferentes linguagens apresentam qualidade e versatilidade também diferentes, assim o mais comum é encontrarmos subconjuntos de todos aqueles tipos e valores possíveis em linguagens específicas.

A vinculação de tipos às variáveis em linguagens de programação imperativa pode ser feita de diversas maneiras distintas (aqui, abreviamos vinculação estática/dinâmica de tipos para tipos estáticos/dinâmicos respectivamente).

Tipos estáticos: se uma linguagem tem tipos estáticos, então as variáveis precisam ser declaradas antes de ser utilizadas, e o tipo de cada variável é determinado quando ela é declarada. Uma variável não pode ser declarada mais de uma vez, portanto, o tipo dos valores que podem ser armazenados no local identificado pelo nome de uma variável é único, fixo e determinado ao longo de todo o programa.

Quando o programa é compilado, o local correspondente a cada variável utilizada é reservado na memória do computador, com um tamanho justo e adequado, de acordo com o tipo dos valores a serem armazenados naquele local. Todas as atribuições de valores a variáveis precisam ser de tipos compatíveis com aqueles das variáveis que recebem os valores. A verificação de compatibilidade pode ser efetuada durante a compilação do programa, liberando a execução da necessidade de novas verificações de tipos. Com isso, os programas se tornam mais eficientes e o código executável mais compacto.

Uma vantagem adicional dos tipos estáticos é requerer do programador uma disciplina de organização de suas idéias mais rigorosa durante a construção dos programas. As variáveis de um programa imperativo caracterizam os estados possíveis da máquina abstrata que o programa representa. A rigor, esses estados são um subconjunto do conjunto de tuplas compostas pelos valores de todas as variáveis no programa. Os elementos que pertencem a esse subconjunto são determinados por restrições semânticas de integridade, as quais identificam quais valores das variáveis fazem sentido de serem agrupados como valores concomitantes que caracterizam um estado. Os tipos estáticos exigem que o programador considere cuidadosamente esses valores e combinações de valores durante o projeto e construção de um programa.

Tipos dinâmicos fortes: os tipos dinâmicos fortes permitem que valores de diferentes tipos sejam armazenados em uma mesma variável. A única exigência é que as expressões e comandos sejam coerentes com relação a tipos. Ou seja, se uma expressão ou comando contém operações com valores e relações entre esses valores, então essas operações e relações devem fazer sentido no que diz respeito a tipos.

A verificação de compatibilidade de tipos pode ser feita durante a compilação de um programa. Entretanto, durante a execução do programa são necessárias verificações adicionais, para garantir que tipos específicos de valores armazenados nas variáveis sejam compatíveis.

Alguns programadores consideram como uma vantagem a exigência menos rigorosa de disciplina para a construção de programas, o que levaria à construção mais rápida de programas. Essa vantagem é questionável, pois se os programas resultantes forem mais difíceis de analisar e corrigir, o tempo economizado na sua construção pode ser mais do que compensado pelo tempo necessário para a sua manutenção.

Um outro argumento a favor de tipos dinâmicos fortes é a simplificação dos compiladores e interpretadores. É mais fácil construir um compilador ou interpretador com tipos dinâmicos fortes do que um com tipos estéticos. Os compiladores e interpretadores resultantes são mais compactos e podem ser construídos com mais rapidez. Essa vantagem também é questionável, pois os programas construídos utilizando linguagens com essa característica são sobrecarregados com a necessidade de verificação de tipos em tempo de execução. Necessariamente, portanto, esses programas são mais lentos.

Tipos dinâmicos fracos: esse nome é na realidade um eufemismo para indicar que uma linguagem de programação não verifica os tipos dos valores atribuídos às variáveis. A linguagem não oferece qualquer assistência ao programador para garantir a integridade do programa no que se refere aos tipos de dados. Os compiladores e interpretadores construídos dessa forma são mais compactos e eficientes, mas fica totalmente a cargo do programador garantir a correção das atribuições, operações e relações em seu programa.

9.2 EXPRESSÕES E COMANDOS

Para que a apresentação das expressões e comandos das linguagens de programação imperativa seja mais concisa, vamos classificá-las de uma maneira um pouco diferente da vista no Capítulo 6. Os comandos e expressões são classificados como:

Operações: existem dois tipos básicos de operações:

Operações dependentes de tipo, que acionam uma operação correspondente ao tipo dos valores envolvidos na expressão. Por exemplo, se o tipo dos valores de x e y é Inteiro, temos definida a soma aritmética de números inteiros. A operação x + y denota a soma aritmética dos valores de x e y. Como um outro exemplo, se L é uma lista não vazia de valores de tipo Inteiro, podemos ter definida a operação primeiro, cujo resultado é o primeiro elemento da lista. A operação primeiro(L) denota portanto um número de tipo Inteiro.

Testes, que verificam a validade de uma relação. O resultado de um teste é sempre verdadeiro ou falso — um valor booleano, portanto. Por exemplo, se o tipo dos valores de x e y é Inteiro, temos definida a relação binária ≥. O teste x ≥ y denota o valor verdadeiro se o valor de x for maior que ou igual ao valor de y, e falso em caso contrário. Assumimos a existência dos conectivos booleanos e, ou e não, que permitem construir testes com grande flexibilidade.

As operações nunca ocorrem isoladas. As operações dependentes de tipo são subexpressões dos comandos de atribuição, e os testes são subexpressões dos comandos de controle. Essas duas classes de comandos são detalhadas a seguir.

Atribuições: por convenção, todas as linguagens de programação imperativa têm um único comando de atribuição. Denotamos aqui esse comando utilizando o operador ⇐. Esse operador é binário e infixo. À esquerda do operador encontramos sempre uma variável, e à direita do operador encontramos uma operação dependente de tipo. A verificação de consistência de tipos é efetuada no momento apropriado, dependendo de a linguagem utilizar tipos estáticos, dinâmicos fortes ou dinâmicos fracos. Se o tipo da variável for compatível com o tipo do resultado da operação, então o comando atualiza o valor da variável, que passa a ser o resultado da operação. Por exemplo, se o tipo dos valores de z também é Inteiro, então o comando z ⇐ x + y atualiza o valor de z, que passa a ser o resultado da soma de x e y.

A atribuição admite formatos especiais para *entrada* e *saída* de dados. Podemos considerar que existem duas variáveis especiais denominadas Entrada e saída. A variável Entrada ocorre sempre à direita das atribuições e a variável saída ocorre sempre à esquerda das atribuições. Quando um valor é atribuído à saída, valores adicionais de controle são fornecidos que determinam um dispositivo de saída (impressora, tela do computador, auto-falantes, etc.) e um formato apropriado de apresentação de um valor. Nesse caso, em vez de o resultado de uma operação ser armazenado em um local especificado pelo nome da variável, ele é enviado para o dispositivo de saída com o formato especificado. De maneira similar, os valores da variável Entrada são obtidos de algum dispositivo de entrada (teclado, mouse, microfone, etc.). A verificação de consistência de tipos ocorre normalmente também para essas variáveis.

Controle: um programa imperativo é uma seqüência ordenada de comandos. Esses comandos podem ser de atribuição ou de controle. Um comando de atribuição atualiza o valor de uma variável, conforme visto acima. Um comando de controle reconhece o estado da máquina representada pelo programa e permite determinar a seqüência de execução dos comandos.

Sem comandos de controle, os comandos (de atribuição) de um programa são executados na seqüência em que são apresentados no programa. Existem duas categorias de comandos de controle:

1. *seleção:* o comando de seleção é composto por três partes:
    a) um *teste*;
    b) um comando ou bloco de comandos que é executado se o resultado do teste for verdadeiro;
    b) um comando ou bloco de comandos que é executado se o resultado do teste for falso.

    Detalharemos o conceito de *bloco* mais adiante nesse mesmo capítulo. Basicamente, um bloco é uma subseqüência de comandos.

    O comando de seleção permite selecionar, dentre duas alternativas, um bloco de comandos para ser executado. Denotamos esse comando como se teste então bloco-verdadeiro senão bloco-falso. Por exemplo, o comando se (x > 0) então (y ⇐ 1) senão (y ⇐ 0) permite escolher qual comando que atribui um valor a y deve ser utilizado, em função do valor de x.

As linguagens de programação imperativa, em sua maioria, apresentam uma variedade de comandos de seleção, para comodidade do programador. Os comandos são todos sinônimos, no sentido que para qualquer trecho de programa que utiliza algum dos comandos de seleção, podemos escrever um trecho de programa utilizando um outro comando de seleção que atribui valores equivalentes às mesmas variáveis.

2. *iteração:* o comando de iteração é composto por duas partes:

   a) um *teste*;

   b) um comando ou bloco de comandos que é executado repetidamente enquanto o resultado do teste for verdadeiro. O teste é reavaliado ao final da execução comando ou bloco de comandos.

   Denotamos o comando de repetição como enquanto teste bloco}. Por exemplo, se os valores de x, de y e de z são de tipo Inteiro, ao final da execução do trecho de programa abaixo o valor de y é x^y (assumindo que o valor fornecido para x é maior que 0):

   x ⇐ Entrada

   y ⇐ 1

   z ⇐ x

   enquanto x > 0

   início

     y ⇐ y × z

     x ⇐ x - 1

   fim

   Assim como ocorre com os comandos de seleção, as linguagens de programação imperativa, em sua maioria, apresentam uma variedade de comandos sinônimos de repetição, para comodidade do programador.

9.3 MODULARIDADE

A possibilidade de impor uma estrutura modular a um programa pode ser muito útil. Essa estrutura pode permitir:

- A determinação de um **escopo restrito** para cada nome de variável.

- A associação de **nomes** a trechos do programa utilizados com freqüência, que podem então passar a ser invocados por esses nomes.

- A separação do programa em trechos menores, que podem ser compilados separadamente e até mesmo executados de forma concorrente.

Uma unidade de programa pode ser composta por:

- Uma interface, que pode conter um nome para o módulo e a especificação dos parâmetros de entrada e de saída do módulo (ou seja, variáveis com escopo restrito ao módulo cujos valores são importados para o módulo ou exportados a partir dele).
- A declaração de itens de escopo local ao módulo (variáveis, constantes e tipos). Esses itens existem somente enquanto o módulo é executado.
- Uma seqüência de comandos, incluindo comandos de controle.

Unidade de programa é um nome genérico que se aplica a diversas estruturas de programa. A forma mais simples e comum às linguagens de programação imperativa são os *blocos*, *funções* e *procedimentos*. Os módulos (ou pacotes) agrupam essas unidades de forma a obtermos unidades maiores, as quais podem inclusive denotar tipos abstratos como na linguagem Ada. A seguir, relatamos apenas as formas mais simples e comuns a todas as linguagens.

9.3.1 Blocos

Um bloco é uma seqüência de comandos (incluindo comandos de controle) delimitado por um marcador de início e um marcador de fim de bloco. Um bloco não tem um nome nem parâmetros de entrada e saída. Essencialmente, blocos são os subprogramas associados aos comandos de seleção e iteração.

A maioria das linguagens de programação imperativa modernas permite o aninhamento de blocos. Algumas linguagens, como por exemplo Ada, permitem ainda a declaração de variáveis com escopo local ao bloco.

Um bloco é executado quando o controle da execução do programa atinge o seu marcador de início. O término da execução do bloco ocorre quando o controle de sua execução atinge o marcador de fim.

9.3.2 Procedimentos e Funções

Procedimentos e funções são muito similares a blocos, exceto que eles têm nomes e parâmetros. Um nome de procedimento é inserido na seqüência de comandos de um programa como se fosse um comando da própria linguagem de programação. Quando o controle da execução do programa atinge o nome do procedimento, o procedimento correspondente é ativado.

A forma de um procedimento é:

```
proc NOME (parâmetros)
    declarações de variáveis locais ao procedimento
início
    comandos do procedimento
fim
```

Quando um procedimento é ativado, os seus parâmetros são avaliados. Nesse momento, o controle do programa ativador é "suspenso" e transferido para o procedimento. Ou seja, o programa ativador do procedimento fica "congelado" esperando que o controle interno ao procedimento atinja o marcador de fim de procedimento. Quando o procedimento atinge o seu marcador de fim, o controle é devolvido ao programa ativador, que segue a partir do comando imediatamente após o nome do procedimento.

Procedimentos e blocos podem ser aninhados. A maioria das linguagens modernas permitem também que um procedimento ative a si mesmo, possibilitando dessa forma a construção de programas recursivos.

Uma função é um procedimento que, quando atinge seu marcador de fim, retorna para o programa ativador um valor. Esse valor é retornado como o valor de uma variável cujo nome coincide com o nome da função, e o controle é devolvido ao programa ativador no ponto de chamada da função (ou seja, no ponto onde ocorre o nome da função no programa ativador). Esse ponto pode inclusive fazer parte de uma expressão.

Algumas linguagens (como Pascal) somente permitem a construção de funções escalares. Ou seja, o valor retornado por uma função precisa ser de um tipo primitivo. Outras linguagens (como Ada) permitem a construção de funções cujo valor retornado pode ser de um tipo composto.

9.3.3 Parâmetros

Procedimentos e funções utilizam parâmetros para comunicar valores. Os parâmetros são chamados de parâmetros de entrada quando os seus valores são utilizados dentro do procedimento ou função, e de parâmetros de saída quando os seus valores são os resultados fornecidos pelo procedimento ou função para o programa ativador. Em geral, o valor retornado pela função é o seu único parâmetro de saída em programas bem construídos. Se são necessários mais de um parâmetro de saída, é preferível construir um procedimento do que uma função.

Os parâmetros ocorrem em dois pontos no programa: na declaração do módulo e na sua ativação. Para diferenciá-los, denominamos os parâmetros da declaração de uma função ou procedimento de seus **parâmetros formais**, e os parâmetros na ativação da função ou procedimento de em **parâmetros atuais**.

Existem duas maneiras de relacionar parâmetros formais e parâmetros

1. *Relacionamento por palavra-chave*: o mesmo nome de variável deve ser utilizado para relacionar um parâmetro formal e um parâmetro atual. Antes de ativar uma função ou procedimento, a variável com nome apropriado deve receber o valor desejado.

2. *Relacionamento posicional*: a posição de cada parâmetro nas seqüências de parâmetros formais e atuais determina o seu relacionamento. Assim, o valor do primeiro parâmetro atual é transmitido para o primeiro parâmetro formal, o valor do segundo parâmetro atual é fornecido para o segundo parâmetro formal, e assim por diante.

O relacionamento posicional é muito mais comum que o relacionamento por palavra-chave.

Existem também diversos métodos para efetivamente passar parâmetros para procedimentos e funções. Os métodos mais utilizados são:

Passagem por *valor*: o valor de cada parâmetro atual é calculado no contexto do programa ativador, e então transmitido para o parâmetro formal correspondente. O parâmetro formal passa a atuar como uma variável com escopo local ao módulo ativado, cujo valor inicial é aquele determinado pelo parâmetro atual.

Passagem por *referência*: o valor de cada parâmetro atual é uma referência para o próprio local onde são armazenados os valores de uma variável. Uma referência explícita ao valor armazenado naquele local permite a consulta e atualização daquele valor, independente do escopo do módulo. Essa é a maneira mais comum de possibilitar que um procedimento atualize valores de variáveis, de forma que esses valores sejam visíveis para o programa ativador.

Se x é uma variável, denotamos como $\uparrow x$ o local de armazenamento de valores ocupado por x. Temos dessa forma um tipo de dados *local de Tipo*, para cada *Tipo* presente na linguagem. Por exemplo, se temos em uma linguagem de programação imperativa o tipo `Inteiro`, temos também o tipo *local de* `Inteiro` — denotado como $\uparrow$ `Inteiro`. Uma variável declarada com esse tipo tem como valores admissíveis localizações (na memória do computador, por exemplo) cujos conteúdos são valores de tipo `Inteiro`.

Se o tipo da variável x é $\uparrow$ `Inteiro` e o tipo da variável y é `Inteiro`, a atribuição x $\Leftarrow \uparrow$ y faz sentido: o local onde são armazenados os valores atribuídos a y passa a ser o valor de x. Uma atribuição como essa só pode ser útil se tivermos acesso ao valor armazenado no local indicado pelo conteúdo de x. Denotamos como $*x$ o valor armazenado no local que é o conteúdo de x. Assim, a atribuição y $\Leftarrow *$x também faz sentido: o valor de y passa a ser o valor que se encontra no local indicado pelo valor de x.

A passagem de parâmetro por referência tem um efeito similar aos apontadores; compartilhamento de espaço de memória. Algumas linguagens, tal como C, usam apontadores explicitamente para denotar a passagem de parâmetros por referência.

9.4 UM EXEMPLO

Para tornar mais concreta a discussão desenvolvida até aqui, vamos ilustrar os conceitos vistos nesse capítulo através de um exemplo prático. O programa calcula, dados dois números naturais p e q, o valor $\frac{p!}{q! \times (p-q)!}$ se $p \geq q$, ou $\frac{q!}{p! \times (q-p)!}$ caso contrário.

Vamos assumir que nossa linguagem de programação tem tipos estáticos. Precisamos, portanto, antes de mais nada em nosso programa declarar as variáveis p e q com os tipos apropriados, para que elas passem a ser identificadores de locais na memória do computador. As linguagens de programação imperativa não costumam contar com um tipo de dados `Natural`, mas sim com um tipo de dados `Inteiro`. Nosso programa inicia com a criação das variáveis p e q, cujo tipo é `Inteiro`.

O próximo passo é atribuir valores para essas variáveis. Os valores são provenientes de Entrada. Se valores com tipos incompatíveis com o tipo das variáveis criadas forem fornecidos, a própria linguagem deve interromper a execução do programa. Os valores podem, entretanto, ser negativos. Nesse caso, eles seriam compatíveis com o tipo de dados Inteiro, mas não seriam números naturais. Precisamos então verificar, dentro do programa, se os valores fornecidos são naturais.

Caso os dois valores sejam naturais, precisamos verificar se o valor de p é maior que ou igual ao valor de q. Em nosso exemplo, criamos um procedimento que funciona da seguinte maneira: caso o valor de p seja maior que ou igual ao valor de q, o procedimento não faz nada. Caso contrário, os valores são trocados. Essa troca deve ser efetuada dentro do procedimento, porém o seu efeito deve ser refletido no programa ativador. Os parâmetros do procedimento devem, portanto, ser passados por referência.

Após a execução desse procedimento, temos certeza que o valor de p é maior que ou igual ao valor de q. O próximo passo é simplesmente calcular o valor de $\frac{p!}{q! \times (p-q)!}$. Criamos para isso uma função.

Essa função utiliza repetidamente o cálculo do fatorial. Criamos assim uma outra função para calcular o fatorial, que será utilizada pela função anterior. Um programador um pouco mais experiente deve reconhecer que existem maneiras muito mais eficientes de construir esse programa, mas nesse exemplo preferimos essa alternativa menos eficiente para ilustrar de forma mais explícita os conceitos desejados.

O programa deve então ficar assim:

```
declaração de variáveis

   p, q: Inteiro

Início

   p ⇐ Entrada

   q ⇐ Entrada

   se (p ≥ 0 e q ≥ 0) então

   Início

      OrdenaDecrescente( ↑ p, ↑ q )

      Saída ⇐ CalculaResultado( p, q )

   Fim

   senão

      Saída ⇐ ''Dados Inadequados''

   Fim
```

O procedimento OrdenaDecrescente deve ficar assim:
```
Procedimento OrdenaDecrescente(a: ↑ Inteiro, b: ↑ Inteiro)
declaração de variáveis locais
 c: Inteiro
Início
 se (*a < *b) então
 Início
  c ⇐ *a
  *a ⇐ *b
  *b ⇐ c
 Fim
Fim
```

Assumimos nesse exemplo que o relacionamento entre os parâmetros atuais e formais é posicional. No caso do procedimento OrdenaDecrescente, o comando de seleção não apresenta a parte correspondente ao senão. Isso porque, nesse caso específico, se o teste tiver como resultado falso, nenhuma ação deve ser efetuada.

A função CalculaResultado deve ficar assim:
```
Função CalculaResultado(a: Inteiro, b: Inteiro)}: Inteiro
declaração de variáveis locais
 c: Inteiro
Início
 c ⇐ (Fatorial(a) / (Fatorial(b) × Fatorial(a-b)))
 Retorna c
Fim
```

Devemos observar que a própria função tem um tipo de dados especificado, que é o tipo dos valores gerados por ela. O último comando na função indica qual o valor a ser retornado.

Finalmente, a função Fatorial deve ficar assim:
```
Função Fatorial(a: Inteiro): Inteiro
declaração de variáveis locais
 b: Inteiro
Início
 b ⇐ 1
 enquanto (a > 1)\
 Início} \\
  b ⇐ b × a
  a ⇐ a - 1
 Fim
 Retorna b
Fim
```

9.5 A LINGUAGEM PASCAL

A linguagem Pascal foi desenvolvida pelo Prof. Niklaus Wirth e apresentada em 1970. Essa linguagem de programação imperativa foi desenvolvida tendo em vista especificamente o ensino de programação.

Pascal utiliza tipos estáticos e relacionamento posicional entre parâmetros de funções e procedimentos. Essa linguagem de programação se mostra muito bem-sucedida tanto em seu objetivo inicial de construção como para o desenvolvimento de programas eficientes e de qualidade para os mais diversos conceitos. Diversas novas linguagens e implementações de ambientes de programação comerciais se fundamentam em Pascal, dentre eles o bem conhecido ambiente de programação Borland Delphi.

Diversas implementações com código aberto de compiladores Pascal podem ser encontradas pela Internet. Destacamos o projeto Free Pascal, que distribui um compilador a partir de http://www.freePascal.org. Esse compilador é distribuído com licença de utilização GNU, é relativamente compacto, simples de instalar e disponível para diferentes computadores e sistemas operacionais.

Em Pascal, a seqüência de apresentação das funções e procedimentos é importante. Funções e procedimentos devem ser declarados antes de serem utilizados.

As seguintes correspondências podem ser identificadas entre os comandos vistos na seção anterior e a sintaxe apropriada em Pascal:

Comando	Pascal
início de programa	`program NOME;`
declaração de variável	`var NOME-DA-VARIÁVEL: TIPO-DA-VARIÁVEL`
início de bloco	`begin`
fim de bloco	`end`
declaração de procedimento	`procedure NOME(PARAMa:TIPOa;PARAMb:TIPOb...)`
declaração de função	`function NOME(PARAMa:TIPOa;PARAMb:TIPOb...): TIPO-DA-FUNÇÃO`
seleção	`if TESTE then BLOCO-V else BLOCO-F`
iteração	`while TESTE do BLOCO`
atribuição ($\Leftarrow$)	`:=`
tipo de dados `Inteiro`	`Integer`
aritmética de inteiros	`+, -, *, div`
ordem natural dos inteiros	`<, >, <=, >=, <>`
entrada de dados	`readln(VARIÁVEL)`
saída de dados	`writeln(VARIÁVEL)`

Por convenção, todo comando em Pascal termina com um ponto-e-vírgula (`;`), exceto o `end` que marca o final do programa principal, o qual termina com um ponto.

Quando um parâmetro formal deve ser recebido por valor, somente o nome e o tipo da variável correspondente devem ser declarados. Quando um parâmetro formal deve ser recebido por referência, o nome da variável correspondente deve ser precedido da palavra chave `var`.

Evidentemente, uma descrição completa dessa linguagem de programação requer muito mais detalhes, aqui apresentamos apenas alguns de seus elementos para que possamos complementar nosso exemplo na linguagem. O programa Pascal que implementa o exemplo da seção anterior pode ser escrito como:

```pascal
program comb;
procedure OrdenaDecrescente(var a: Integer; var b: Integer);
  var c: Integer;
  begin
    if (a < b) then
    begin
       c := a;
       a := b;
       b := c
    end
  end;

function Fatorial(a: Integer): Integer;
  var b: Integer;
  begin
    b := 1;
    while (a > 1) do
    begin
       b := b * a;
       a := a - 1
    end;
    Fatorial := b
  end;

function CalculaResultado(a: Integer; b: Integer): Integer;
  var
     c: Integer;
  begin
    c := Fatorial(a) div (Fatorial(b) * Fatorial(a-b));
    CalculaResultado := c
  end;
  var
     p,q:Integer;
  begin
     readln(p);
```

```
      readln(q);
      if ((p >= 0) and (q >= 0)) then
      begin
         OrdenaDecrescente(p,q);
         writeln(CalculaResultado(p,q))
      end
      else
         writeln('dados inadequados')
end.
```

Vários outros exemplos foram vistos na Parte I, quando da apresentação dos conceitos fundamentais de linguagens de programação. Neste Capítulo evitamos repetir todos os tipos predefinidos, bem como os comandos já mencionados nos Capítulos 3 e 6.

9.6 LEITURA RECOMENDADA

Como este é um paradigma de programação vastamente utilizado, existem diversos bons livros que tratam especificamente da programação imperativa. Recomendamos em especial o capítulo do livro [44] dedicado a esse tema e o texto de I. C. Wand [43].

Vários livros já foram publicados sobre a boa prática de programação, desde alguns mais antigos como [71] a alguns mais modernos que resumem resultados sobre anos de prática de desenvolvimento de sistemas [72]. A abordagem formal de desenvolvimento, a qual prima por programas corretos, também descreve boas práticas de programação e pode ser vista tanto com o uso de uma linguagem específica (Algol) como em [73], quanto com um método formal, como em [74].

Existem hoje várias linguagens imperativas comercialmente usadas. A linguagem C tem sido vastamente utilizada porque se mostra uma linguagem eficiente para vários tipos de problemas. Existe uma vasta literatura sobre esta linguagem disponível hoje.

9.7 EXERCÍCIOS

Construir programas imperativos para resolver os seguintes problemas:

1. Dada uma seqüência com n números inteiros, determinar quantos desses números são pares.

2. Dados dois números inteiros positivos, determinar o máximo divisor comum entre eles.

3. Dados n números inteiros positivos, determinar quantos são primos.

4. Dada uma seqüência com n inteiros positivos, imprimi-los na ordem inversa à ordem da leitura.

10
Programação orientada por objetos

> "For whatever we lose(like a you or a me)
> it's always ourselves we find in the sea"
> *e.e.cummings*

O paradigma de programação orientada por objetos tem como princípio a solução de problemas pela cooperação de vários elementos, da mesma forma que usamos a prestação de serviço de outras pessoas para resolver vários dos nossos problemas.

A idéia de prestação de serviços pode ser ilustrada pelas situações diárias. Suponha que para a nossa pesquisa atual precisemos consultar um livro que não faça parte do acervo da biblioteca local. Então, requisitamos ao bibliotecário local que o dado livro seja reservado em outra biblioteca associada e trazido temporariamente para a biblioteca local. Quando requisitamos um serviço como este, não precisamos saber como o bibliotecário entrará em contato com as bibliotecas associadas, ou ainda de que forma fará a reserva e o transporte do livro. Precisamos apenas requisitar o serviço à pessoa correta e recebê-lo, sem termos que participar ou interferir no serviço que está sendo prestado.

Note que na situação acima nos abstraímos da forma como o serviço foi executado e precisamos apenas fazer a **comunicação** com a pessoa (**objeto**) **responsável** pelo serviço e esperar pelo **resultado**. Essa idéia de prestação de serviço por agentes apropriados norteia o paradigma computacional de orientação a objetos. Esta tem como princípio a distribuição de serviços e responsabilidades de forma a diminuir a complexidade de cada um dos colaboradores.

As áreas de aplicação das linguagens orientadas a objetos têm-se expandido nos últimos anos. Essas linguagens foram criadas, juntamente com os seus ambientes, para dar suporte ao desenvolvimento de sistemas mais complexos (baseada em tipos abstratos), e por isso têm sido aplicadas em novos sistemas comerciais. O uso crescente dessas linguagens se dá principalmente pelo desenvolvimento de novas metodologias de sistemas que empregam o paradigma de orientação a objetos. A maioria dos sistemas atuais para a Web são desenvolvidos nesse paradigma (na linguagem Java), dado o suporte à concorrência e a agentes.

Neste capítulo abordamos, de forma superficial, os fundamentos inerentes à programação orientada por objetos, como os conceitos apresentados aparecem neste paradigma de programação e um exemplo de uma linguagem de programação orientada a objetos.

10.1 INTRODUÇÃO

Com o aumento da complexidade dos problemas computacionais a serem resolvidos, veio a necessidade de dividir as soluções computacionais em unidades menores, como vimos no Capítulo 7. As abstrações de processos e módulos conseguidas nas linguagens puramente imperativas não distribuem a responsabilidade dos estados dos programas para essas unidades (elas agrupam abstrações, mas é de responsabilidade do programa usá-las). Como conseqüência disso, os módulos não são unidades computacionalmente independentes. Daí, surgiu a idéia (com David Parnas, no início dos anos 70) de usar ocultação de informação como uma disciplina de programação para que as unidades passassem a controlar os seus estados e os problemas pudessem ser resolvidos por colaboração.

Junto com a idéia de resolver problemas pela colaboração de vários agentes, os quais têm responsabilidade sobre os seus próprios serviços, surgiu a necessidade de prover recursos às linguagens de programação que dêem suporte a essa idéia. O conceito de programação orientada por objetos teve seu início com a linguagem Simula 67, mas teve um melhor alcance com Smalltalk [25] na década de 80. Alguns autores consideram até hoje Smalltalk como a única linguagem puramente orientada a objetos.

Sob o ponto de vista computacional devemos ter **objetos** que podem prover serviços sob a sua própria **responsabilidade**. Isso requer que os objetos sejam proprietários dos seus **estados** e possam dar **soluções próprias** aos serviços requisitados. As linguagens de programação orientadas a objetos permitem a criação de **objetos**, os quais são entidades computacionalmente ativas que guardam um conjunto de dados (os **atributos**), e os serviços (os **métodos**) que ele pode prover.

Para proporcionar a colaboração computacional dos objetos, deve-se também ter meios para fazer a **comunicação** entre eles (as **mensagens**). Então, uma vez que o objeto tem um serviço requisitado, denotado pela mensagem recebida, ele tem a responsabilidade de interpretar a mensagem, dentro do seu contexto, e executar o serviço requisitado.

Para o usuário do serviço, os passos necessários à sua execução não são relevantes, mas os efeitos, ou resultado, do mesmo. Contudo, o usuário deve escolher o objeto que possa fornecer o serviço e, para isso, os objetos devem estar classificados de forma que possam ser reconhecidos pelos usuários. As **classes** nas linguagens de programação agrupam os objetos com um mesmo comportamento, definido através de abstrações. Para fornecer um sistema de classificação, é necessário que tenhamos a relação entre as classes pela noção de hierarquia junto com o mecanismo de **herança**.

A computação de um programa orientado a objetos pode ser visto como a ativação de objetos, mediante a sua criação, e colaboração entre esses objetos ativos. Como cada objeto é responsável pelos seus próprios dados (estado) e transformações (encapsulamento dos métodos), o estado do programa pode ser claramente visto como o conjunto de estados dos objetos ativos. A solução computacional de um problema nesse paradigma pode ser reduzida a definir: quais objetos são necessários e como eles devem cooperar entre si. Assim, os objetos passam a ser unidades computacionais claramente independentes (com seus próprios dados e comportamento), e resolver o problema significa resolver cada uma dessas unidades juntamente com a comunicação entre elas.

As seções que seguem tratam os fundamentos das linguagens de programação orientadas por objetos à luz dos conceitos de linguagens vistos na Parte I. Em seguida apresentamos Samlltalk como linguagem exemplo.

10.2 FUNDAMENTOS

Os principais fundamentos das linguagens de programação com o objetivo de prover **objetos** estão centrados nos conceitos de abstrações. Cada objeto é um elemento abstrato responsável pelo seu estado e faz as transformações sobre tal estado mediante um conjunto fixo de regras de comportamento. A definição do conjunto de dados que um objeto deve conter (os atributos), bem como das regras de transformação sobre esses dados (os métodos) devem ser definidos como um tipo abstrato (as classes). Assim, a unidade de definição dos tipos abstratos são as classes e a ativação (ou uso) de um elemento daquele tipo é um objeto.

Dessa forma, cada objeto encapsula os seus dados e todas as suas possíveis transformações, enquanto as classes são o elemento de definição. Requisitar um serviço a um objeto significa enviar uma mensagem para ele com esta requisição, mas a forma como o objeto procede com o serviço fica oculto, os usuários não têm acesso. Com isso, o objeto possui completo controle sobre qualquer transformação do seu próprio estado, ele é o único que tem o poder de atuar sobre o seu estado, o que o caracteriza como unidade independente de computação. Apresentamos aqui as classes como elementos de definição de abstrações e os mecanismos existentes nas linguagens orientadas a objetos para expressar tais definições.

10.2.1 Classes e Métodos

Como visto no Capítulo 7, as classes são formas de definição de tipos abstratos. Os dados que um objeto deve conter são definidos pelos seus **atributos**, os quais devem guardar os valores necessários ao estado do objeto. As variáveis definidas nas classes que devem representar os estados dos objetos são as **variáveis de instância** e devem ser instanciadas para cada objeto de maneira a compor o estado do objeto. Como elas devem ser de propriedade de cada objeto, em algumas linguagens elas aparecem precedidas com uma palavra-chave que indica o escopo de visibilidade da mesma. Em C++ e Java a palavra `private` indica que as variáveis são de instância, em Smalltalk `InstanceVariableNames` é usada.

Exemplo 10.1 — Considere o tipo abstrato pilha de inteiros definido como uma classe na linguagem C++ (esquemático):

```
class pilha {
  private:                   (variáveis de instância)
    int *ptr_pilha;
    int elemento;

  public:                    (Métodos da Classe)
    pilha(){...}             (cria pilha)
    ~pilha(){...}            (destrói pilha)
    void vazia(){...}
    void insere(int elem){...}
    void retira(){...}
    int topo(){...}
}
```

As variáveis `*ptr_pilha` e `elemento` são as variáveis de instância dessa classe e cada objeto criado terá sua própria instância dessas variáveis. □

Algumas variáveis podem ser criadas em uma classe para serem acessadas por todos os objetos daquela dada classe. Isso é conveniente quando precisamos de uma forma de compartilhar informação entre objetos de uma mesma classe. Essas são as chamadas **variáveis de classe**. Nas linguagens C++ e Java, são precedidas pela palavra `static`, enquanto em Smalltalk são precedidas por `classVariableNames`. Dentro da filosofia de orientação a objetos, essas variáveis devem ser usadas de forma restrita, apenas quando é necessário informação sobre uma classe, para que a independência entre os objetos de uma mesma classe seja preservada.

Além das variáveis de instância ou classe, devem ser definidos os **métodos**, os quais são os comportamentos permitidos para transformação dos dados abstratos definidos na classe. Objetos criados como instâncias de uma classe só podem responder a serviços definidos pelos métodos daquela classe. Alguns métodos podem aparecer como privativos à classe (`private` em C++), indicando que são serviços apenas internos (no exemplo acima mostramos apenas métodos públicos -`public`).

A criação de um objeto é feita por um `construtor` de objetos, os quais, em algumas linguagens, aparecem com o nome da própria classe (`pilha` no exemplo acima) ou ainda com um nome determinado para a sua criação (`new`, em Smalltalk). A existência dos objetos depende da sua criação nos programas, e vários objetos de uma mesma classe podem ser criados.

Exemplo 10.2 — Para o uso do tipo pilha, considere o seguinte trecho de programa:

```
void main(){
   int elem_int;
   pilha p1_int;        (1) (cria um objeto classe pilha)
   pilha p2_int;        (2) (cria um objeto classe pilha)
   ...
   p1_int.insere(9);    (3)
   ...
   if (p2_int.vazia) ...
   ...
}
```

`p1_int` e `p2_int` são objetos do tipo `pilha`, de forma que são duas instâncias distintas da mesma classe. Note que cada mensagem é enviada diretamente ao objeto, `p1_int.insere(9)` por exemplo em (3), não havendo qualquer interferência sobre o estado do outro objeto criado (`p2_int`). □

A aplicação de uma operação sobre um objeto é na realidade uma requisição de serviço: o programa envia uma **mensagem** ao objeto, o qual atuará sobre o seu estado mediante o serviço requisitado. Alguns métodos atuam apenas sobre o estado do objeto, enquanto outros também passam um valor de **retorno** para o programa que requisitou o serviço (`topo`, no Exemplo 10.1, retorna um valor inteiro).

Dessa forma, um sistema orientado a objetos fornece os serviços necessários mediante a criação dos objetos necessários e comunicação entre eles pela passagem de mensagem.

10.2.2 Herança

As classes são definidas nas linguagens orientadas a objetos para agrupar objetos, e também para criar uma classificação entre os elementos definidos. Vários dos elementos que definimos podem estar relacionados com outros objetos. Em uma lista, por exemplo, temos uma seqüência de valores e nela podemos fazer operações sobre o primeiro e último elementos (consultar, inserir, retirar, etc). Uma pilha é também uma seqüência de valores, mas as operações só podem incidir sobre os valores do topo da pilha. Essa estruturas não são idênticas, mas existe claramente uma relação entre elas.

O sistema de classificação em orientação a objetos envolve uma hierarquia, e o mecanismo de **herança** foi criado para facilitar, sob o ponto de vista de definição, a relação de hierarquia entre as classes. Conceitualmente, uma classe criada como subclasse de outra herda todas as definições da classe superior (classe-pai), e de todas as outras superiores na hierarquia. Além disso, novos elementos podem ser criados na subclasse como, por exemplo, novos métodos e variáveis, ou ainda fazer uma sobrecarga dos elementos existentes.

Exemplo 10.3 — Considere a definição esquemática da classe que denota uma estrutura de lista de números inteiros em C++.

```
class lista {
  private:             (variáveis de instância)
    int *ptr_lista;
    int elemento;

  public:              (Métodos da Classe)
    lista(){...}       (cria lista)
    ~lista(){...}      (destrói lista)
    void vazia(){...}
    void inseretopo(int){...}
    void inserefim (int){...}
    void retiratopo(){...}
    void retirafim(){...}
    int topo(){...}
}
```

Uma estrutura de pilha é um uso específico de lista, onde as operações são realizadas apenas sobre o elemento do topo, como se verifica a seguir.

```
class pilha : private lista {
  public:                              (Métodos da Classe)
    pilha(){...}
    void vazia_pilha(){
       return lista : : vazia()};
    void insere_pilha(int elem){
       lista : : inseretopo(int elem)};
    void retira_pilha(){
       lista : : retiratopo()};
    int topo_pilha(){
       return lista : : topo()};
}
```

A classe pilha é definida como subclasse de lista de forma que as operações de inserção e remoção de elementos sejam restritas apenas à posição do topo da pilha. Todos os elementos definidos na classe são redefinições dos existentes na classe lista} (private é usado para a classe). □

No exemplo acima é mostrado apenas um uso do mecanismo de herança para a hierarquia de classes. Timothy Budd [14] relata várias formas de como o mecanismo de herança pode ser usado na hierarquia de classes. Aqui, resumimos apenas os principais:

- especialização, especificação e extensão, onde a subclasse contém métodos redefinidos de forma compatível ou não implementados na classe-pai, mas mantém todos os elementos da classe-pai. Esta é a forma mais pura sob o ponto de vista de hierarquia de classes na orientação a objetos.

- generalização, limitação e construção, quando atributos e/ou métodos são inseridos ou ocultados à subclasse, ou ainda quando métodos são renomeados ou refeitos nas subclasses.

- combinação ou uso de implementação, quando uma classe possui características de mais de uma classe-pai (herança múltipla), ou quando uma classe herda de outra apenas a implementação, apesar de não possuírem, conceitualmente, objetos relacionados (têm apenas algumas formas idênticas de transformar dados).

Os mecanismos de herança diferem entre as linguagens. Em Smalltalk, por exemplo, toda classe deve ter obrigatoriamente uma única classe-pai, não há herança múltipla, e os métodos podem ser sobrecarregados nas subclasses por redefinição. Em C++, as classes podem ser independentes, podem ter mais de uma classe-pai (herança múltipla), mas a sobrecarga de métodos só é admitida quando os parâmetros são equivalentes. Em Java, as classes que não têm a classe-pai designada são automaticamente subclasses da classe Object (classe-raiz) e a herança múltipla não é permitida diretamente (apenas pelas interfaces, as quais definem o protocolo, mas não a implementação).

10.2.3 Subtipos *versus* Subclasses

Uma pergunta sempre surge sobre o sistema de classificação das linguagens orientadas a objetos e o sistema de hierarquia de tipos. Podemos considerar que uma subclasse é um subtipo da sua classe-pai? A idéia de tipos e subtipos em linguagens de programação é usada sob diferentes perspectivas, desde uma visão do programador à do projetista de linguagens [46]. Da mesma forma, a noção de classes varia entre as linguagens. C++, por exemplo, teve sua definição de classes influenciada pela idéia de estrutura, e vista isoladamente preserva várias das noções aceitas sobre tipos. Quando o mecanismo de herança é considerado, a relação entre tipos e classes deve incorporar a noção de **capacidade de substituição**. Dado que uma instância da classe derivada é uma instância da classe-pai, uma variável do tipo derivado deve ser capaz de aparecer em qualquer lugar em que uma variável do tipo classe-pai é legal nos programas.

Vimos que os mecanismos de herança das linguagens atuais permitem que uma subclasse sobrecarregue métodos da classe-pai. Então, neste caso não há como garantir que o método sobrecarregado se comporte de maneira a preservar o comportamento do correspondente na classe-pai. Da mesma forma, quando limitações são permitidas para a construção de subclasses, a noção de subtipos também é falha.

Adele Goldberg, em [36], sugere que a relação entre subclasse e subtipo é possível quando algumas restrições são impostas à construção das subclasses: as subclasses podem apenas adicionar atributos e métodos, e as sobrecargas de métodos são permitidas quando não há erros de parâmetros e tipos e o comportamento da classe-pai é preservado. Timothy Budd [14], por outro lado, enfatiza a relação entre classes como objetos em vez de tipos, dadas as restrições impostas.

10.2.4 Polimorfismo e Vinculação Dinâmica

Um outro conceito importante em orientação a objetos é polimorfismo. Métodos definidos em uma classe são herdados pelas suas subclasses. Com isso, temos um tratamento uniforme (único método) para objetos definidos em classes diferentes. Para o uso do polimorfismo, as linguagens permitem que variáveis que representam objetos polimórficos sejam definidas, ou seja, variáveis que podem assumir tipos relacionados. Para estas variáveis polimórficas, o objeto e métodos usados devem ser vinculados dinamicamente.

Na linguagem Smalltalk todas as variáveis são polimórficas porque as suas vinculações de tipos e métodos são dinâmicas. Em linguagens com vinculação estática de tipos, como C++ e Java, apenas algumas de sua variáveis são polimórficas. Em C++ apenas variáveis do tipo apontadores ou referências podem ser usadas como polimórficas. Em Java, as variáveis declaradas como objeto são polimórficas e por isso têm seus tipo e métodos vinculados dinamicamente.

Em geral, as vinculações estáticas de tipos, métodos e armazenamento melhoram a eficiência, enquanto a vinculação dinâmica de tipos e armazenamento aumentam a flexibilidade das linguagens.

A vinculação dinâmica de tipos requer que o objeto mantenha controle, inclusive, sobre o seu próprio tipo, designando uma completa responsabilidade ao objeto. Por outro lado, esse controle precisa ser realizado em tempo de execução para todas as operações que acessam o valor de dados, o que diminui a eficiência (apesar dos vários estudos já desenvolvidos). Para linguagens com vinculação dinâmica de tipos, as vinculações dos métodos também são dinâmicas, pois não podem ser decididos antes de que um tipo tenha sido vinculado. Isso também tem uma conseqüência na eficiência de processamento da linguagem.

Por essa razão, a maioria das linguagens implementa a vinculação estática de tipos quando este é declarado. Esse é o caso, por exemplo, das linguagens Java e C++, exceto para as suas variáveis polimórficas. A vinculação de métodos também pode ser estática, o que também torna a linguagem mais eficiente.

O polimorfismo é conseguido nas linguagens de programação orientada a objetos com as vinculações dinâmicas de tipos e métodos. Esta é uma questão de projeto de linguagens que devem priorizar a essência de orientação a objetos em detrimento da eficiência, ou o inverso. A vinculação estática de alguns elementos das linguagens não as descaracteriza como orientadas a objetos, mas deve ser claro aos programadores para quais elementos o polimorfismo é permitido na linguagem usada.

10.3 A LINGUAGEM SMALLTALK

A linguagem Smalltalk foi desenvolvida no Centro de Pesquisa da Xerox Palo Alto na década de 70 e teve algumas versões até chegar à versão Smalltalk-80, quando foi mais divulgada e conhecida. Ela tem como propósito de projeto ser uma linguagem puramente orientada a objetos. Assim, um programa Smalltalk é composto inteiramente por objetos que se comunicam entre si. Desde elementos tão simples quanto uma constante inteira a elementos mais sofisticados como acesso a arquivos, todos são objetos, proprietários dos seus próprios estados e formas de transformação sobre os seus dados. As classes na linguagem também são objetos, e a sua pureza de propósitos se reflete em um projeto elegante e uniforme de linguagem.

Nas seções que seguem, analisamos como alguns dos conceitos primordiais de linguagens de programação e, em particular, os fundamentos de orientação a objetos aparecem na linguagem Smalltalk. Essa não é uma análise exaustiva, mas apenas para elucidar alguns conceitos importantes e ajudar o leitor no treino de reconhecer, na linguagem, o paradigma de orientação a objetos.

10.3.1 Objetos e Classes

Smalltalk possui um conjunto de objetos primitivos que são agrupados nas classes predefinidas da linguagem como: `Boolean`, `Character`, `Integer` e `Float`. Literais como 1 e 2 são considerados objetos da classe `Integer`, e estão preparados para responder a transformações como `+`, `-`, `*`, `//` (divisão de inteiros), `squared`, `even`, etc. Da mesma forma `true` e `false` são objetos da classe `Boolean`.

Os objetos compostos estão agrupados em classes como `Bag`, `Set`, `Dictionary`, `Interval`, `LinkedList`, `Array}` e `String`. Cada uma dessas classes oferece um conjunto de métodos que manipulam esses dados.

Além dos objetos predefinidos na linguagem, podemos definir novas classes de objetos, as quais possuem quatro partes: o identificador da classe, o identificador da sua classe-pai, declaração das variáveis e declaração dos métodos. Os processadores de Smalltalk são baseados em ambientes gráficos, e a definição de cada uma dessas partes é realizada em separado nos ambientes. Vale ressaltar que cada classe é também um objeto, permitindo que elas recebam mensagens, e que os métodos possam ser tanto de classes quanto de instâncias das classes. Isso faz com que todos os elementos sejam objetos, com o mesmo *status*. A criação de uma subclasse é realizada, por exemplo, pelo envio de uma mensagem à classe-pai.

Uma classe definida em Smalltalk herda automaticamente todos os elementos definidos na classe-pai e métodos podem ser sobrecarregados simplesmente pela definição com o mesmo nome de métodos da classe-pai. Quando o método sobrecarregado da classe-pai precisa ser usado, deve-se direcionar explicitamente o uso do método da classe superior com a palavra reservada `super` na chamada do método. Novas variáveis de instância também podem ser definidas nas subclasses.

Existe uma classe-raiz, a classe `Object`, e todas as demais classes são subclasses dessa. Toda nova classe tem uma única classe-pai (herança múltipla não é permitida) e posta na hierarquia de classes quando definida. Assim, todas as definições de classes, inclusive as predefinidas, estão dispostas em um ambiente único de hierarquia.

10.3.2 Variáveis e Vinculações

Variáveis em programas Smalltalk contêm sempre referências a objetos. E como a linguagem é projetada com vinculação dinâmica de tipo e métodos, todas as suas variáveis são polimórficas, isto é, podem fazer referência a objetos de quaisquer classes definidas no ambiente.

Com a vinculação dinâmica de tipos na linguagem, a vinculação dos métodos às mensagens também deve ser dinâmica. Uma mensagem enviada a um objeto faz com que seja pesquisada a existência do método na classe à qual o objeto pertence. Caso o método não exista naquela classe, a pesquisa procederá na classe-pai e assim por diante até que seja encontrada. Caso o método não seja encontrado em toda a cadeia ancestral, ocorrerá um erro. O método vinculado será sempre o mais próximo na hierarquia à classe do objeto (em tempo de execução).

O único erro relativo a tipos produzido na linguagem é quando o método não é encontrado na cadeia de classes ancestrais do objeto, dado que a tipagem da linguagem é dinâmica. Isso difere da maioria das linguagens e faz com que todo código em Smalltalk seja genérico, no qual o significado de uma mensagem a um objeto só pode ser resolvido em tempo de execução porque as variáveis só possuem tipos em tempo de execução (polimorfismo dinâmico).

10.3.3 Expressões e Comandos

Os métodos em Smalltalk são basicamente definidos por expressões. As expressões definidas por literais e variáveis são na realidade objetos, como discutido anteriormente. As operações que podem ser realizadas sobre os literais e variáveis são o envio de uma mensagem aos respectivos objetos. Então, o envio de uma mensagem a um objeto é tido como uma expressão da linguagem, e o retorno da mensagem é o objeto valor da expressão.

Os métodos também são processados por uma expressão que retorna um objeto valor. Os comandos de atribuição são definidos de forma semelhante aos das linguagens imperativas, dado que as variáveis guardam referências aos objetos. A seleção é realizada por expressões definidas como métodos da classe `Boolean` (`ifTrue`, `ifFalse`). Os blocos de comando também são abstrações de funções que podem conter parâmetros de entrada e um parâmetro de retorno e são definidos como uma seqüência de expressões. Eles são instâncias da classe `Block`. Os métodos que definem as iterações estão também definidos nesta classe.

À parte da atribuição que é uma característica imperativa, as estruturas de controle da linguagem são realizadas pela passagem de mensagens para objetos. Isso faz com que toda a computação de programas Smalltalk possa ser vista como comunicação (passagem de mensagem) entre os objetos ativos, a idéia mais pura da orientação a objetos.

10.4 LEITURA RECOMENDADA

Uma discussão detalhada dos conceitos de orientação a objetos pode ser encontrada em [17] e [14]. Veja[14], em particular, para a discussão sobre a idéia de subclasses sob o ponto de vista de capacidade de substituição. Para uma visão mais completa sobre tipos abstratos e sua relação com a programação orientada por objetos, consulte [15] e [18].

M. Abadi e L. Cardelli apresentam, em [1], uma teoria de objetos com uma definição acurada das noções de orientação a objetos. Esta leitura é recomendada aos interessados em semântica de linguagens de programação orientadas a objetos.

10.5 EXERCÍCIOS

1. A maioria das linguagens imperativas não possui classes e métodos. Como você usaria uma linguagem imperativa como Pascal ou C para simular as idéias de classes e métodos?

2. A maioria das linguagens atuais não dá suporte à herança múltipla diretamente. Tente elaborar pelo menos dois problemas nos quais a herança múltipla é útil.

3. Ainda usando uma linguagem imperativa como C, como você simularia o mecanismo de herança? É possível simular herança múltipla nessa linguagem?

4. Ada possui formas de definir tipos abstratos. Discuta porque ela não é considerada uma linguagem orientada a objetos.

5. Argumente, sob o ponto de vista prático, porque as linguagens orientadas a objetos se tornaram tão populares e no que elas favorecem a reutilização.

11
Programação baseada em lógica

> "Try again. Fail again. Fail better"
> *Samuel Beckett*

A *programação em lógica* (tradução literal consagrada no Brasil para o nome em inglês *logic programming*) inspira-se na observação que provar um teorema lógico "sem criatividade" é um processo intelectual bastante semelhante a acompanhar a execução de um programa imperativo passo a passo: obedecendo às regras de inferência determinadas para a lógica em uso e partindo de um conjunto de expressões fornecidas (ou seja, um conjunto de axiomas), novas expressões são geradas até que uma expressão-alvo seja obtida (um teorema), ou alternativamente que a impossibilidade de gerar aquela expressão-alvo seja estabelecida (quando se diz que o teorema foi refutado).

As expressões — tanto as originalmente fornecidas como aquelas geradas durante o processo de busca do teorema (ou da impossibilidade de obtê-lo) — podem em geral ser *particularizadas*. O exemplo clássico utilizado para expor esse aspecto dos procedimentos para provar teoremas é a dedução que Sócrates é mortal, com base nas premissas que Sócrates é um homem e todo homem é mortal. "Todo homem é mortal" é uma expressão geral. Uma particularização dessa expressão é a sentença "se Sócrates é homem, ele também é mortal". Essa última sentença pode ser confrontada com o fato "Sócrates é homem" para permitir a conclusão que "Sócrates é mortal".

A particularização é uma forma de passar parâmetros entre sentenças. Se a sentença "todo homem é mortal" acima for escrita como "se X é homem ele também é mortal", sendo X uma variável, fica mais fácil perceber que a sentença "Sócrates é homem" de certa forma forneceu o valor "Sócrates" à variável X.

A programação em lógica é uma forma de implementar computações que *coincidem* com provas de teoremas. Dessa forma, ela possibilita uma dupla interpretação dos passos de computação que ocorrem durante a execução de um programa, permitindo que as especificações lógico-formais de certos problemas sejam também os próprios programas executáveis que resolvem aqueles problemas.

Nossa apresentação da programação lógica se baseia principalmente no excelente (e conciso) texto de Krzysztof R. Apt [17]. Esse texto não é dos mais recentes (foi publicado em 1990) mas ainda é uma referência básica bastante completa, especialmente para os aspectos teóricos da programação em lógica.

A origem histórica da programação em lógica costuma ser apontada como o artigo de J. A. Robinson [32], publicado em 1965, que apresenta os resultados teóricos que possibilitaram a construção de linguagens de programação baseadas em particularização de sentenças e prova de teoremas conforme delineado acima. Durante a primeira metade da década de 70 os grupos de pesquisas liderados por A. Colmerauer na França (Marselha) e R. Kowalski, no Reino Unido (Edinburgh e posteriormente o Imperial College em Londres), construíram as primeiras implementações da linguagem Prolog, que se fundamenta nos resultados de Robinson.

A programação em lógica ganhou notoriedade quando foi adotada como paradigma básico de programação pelo Projeto de Quinta Geração desenvolvido no Japão durante a década de 80. Durante esse período, essa forma de programação — e as linguagens de programação construídas com base nela — atingiram maturidade tanto do ponto de vista teórico como do ponto de vista prático. A teoria da programação em lógica amadureceu com a caracterização de classes de programas cuja semântica formal é bem determinada, e -com a demonstração de diversos resultados especificando o seu poder expressivo. A prática da programação em lógica amadureceu com a implementação e disponibilização de diversas linguagens de programação eficientes, muitas das quais de acesso gratuito e com código aberto.

11.1 ASPECTOS OPERACIONAIS

Alguns conceitos preliminares precisam ser apresentados para construir uma linguagem de programação em lógica. Apresentaremos esses conceitos de forma a mais concisa e simplificada possível, para não perdermos o nosso foco de interesse. Recomendamos ao leitor interessado consultar livros texto de lógica matemática para complementar o que apresentamos aqui (alguns livros texto específicos são sugeridos no final deste capítulo).

11.1.1 Linguagens de primeira ordem

Uma linguagem de primeira ordem é composta pelos seguintes elementos:

- *variáveis*: um conjunto infinitamente enumerável de variáveis cujo tipo não é definido;

- *funções n-árias*: n é um valor natural finito ($0 \leq n < \infty$); se $n = 0$, a função denota um valor constante, simbólico ou numérico; se $n > 0$ então a função denota uma função matemática com n argumentos: uma vez determinados os argumentos, o valor da função está também determinado;

- *relações n-árias*: n é um valor natural finito como acima; se $n = 0$, a relação denota uma proposição lógica, que só pode ser *verdadeira* ou *falsa* — por exemplo a sentença "fulana está grávida"; se $n > 0$ então a relação denota um conjunto — quando $n = 1$ o conjunto tem elementos "simples", quando $n = 2$ o conjunto tem como elementos pares ordenados de elementos "simples", etc.;

- *constantes proposicionais*: são duas: $\perp$ representando *falso* e $\top$ representando *verdadeiro*;

- *conectivos lógicos*: utilizaremos nessa exposição os conectivos $\leftarrow$ (implicação lógica) e $\wedge$ (conjunção); a programação em lógica pode ser estendida para utilizar também negação (conectivo $\neg$), conforme apresentado em [7].

Esses elementos são utilizados para construir **termos e cláusulas**.

Um **termo** é uma expressão composta por:

- uma variável, por exemplo X;

- uma função n-ária seguida por n termos; se $n = 0$ o termo é composto pelo nome da função constante, por exemplo c; se $n > 0$ o termo denota a aplicação de uma função a uma lista de termos. Por exemplo, se f é uma função ternária podemos construir o termo $f(c, X, f(Y, b, X))$, onde X e Y são variáveis e b e c são valores constantes.

Um **literal básico positivo** é uma relação n-ária seguida por n termos. Por exemplo, se p é uma relação binária, podemos construir o literal básico positivo $p(f(b,c,X),f(Y,c,c))$.

Dado o caráter introdutório desse livro, consideraremos aqui somente uma classe especial de cláusulas, denominadas **cláusulas de Horn**. Uma cláusula de Horn é uma expressão de uma das seguintes formas:

1. $\bot \leftarrow \top \wedge \Psi$, em que Ψ é a conjunção de m literais básicos positivos ($0 \leq m < \infty$); as cláusulas dessa forma são chamadas **consultas de Horn**;

2. $\varphi \leftarrow \top \wedge \Psi$, em que Ψ é como acima e φ é *um* literal básico positivo; as cláusulas dessa forma são chamadas **cláusulas de programa**;

Um **programa em lógica** é um conjunto finito e não vazio de cláusulas de programa.

A dupla interpretação das expressões de um programa em lógica pode agora ser melhor explicada. Consideremos a cláusula de programa

$$\varphi_0 \leftarrow \top \wedge \varphi_1 \wedge \ldots \wedge \varphi_m.$$

Podemos entender que essa cláusula expressa que, se $\varphi_1, \ldots, \varphi_m$ forem verdadeiros, então φ_0 também será verdadeiro. Essa é a **interpretação lógica** da cláusula. Podemos também entender que a expressão φ_0 é resolvida pela execução dos passos $\varphi_1, \ldots, \varphi_m$. Essa é a **interpretação operacional** da mesma cláusula.

Como existe uma equivalência entre as duas interpretações, podemos migrar à vontade de uma interpretação para a outra.

11.1.2 Substituições e unificações

Conforme sugerido acima, a passagem de parâmetros na programação em lógica ocorre por **particularização** de variáveis em cláusulas. Por convenção, todas as variáveis nas cláusulas são **universalmente quantificadas**. Intuitivamente, isso significa que as cláusulas estabelecem relações válidas entre todos os valores que cada variável puder assumir. Por exemplo, a cláusula

$$p(X) \leftarrow \top \wedge q(X)$$

indica que para todo valor que a variável X puder assumir, se aquele valor pertence à relação q então ele também pertence à relação p. Ou seja, o conjunto de valores caracterizado pela relação q é um subconjunto do conjunto de valores caracterizado pela relação p.

Cada valor específico que indique um elemento de q deve produzir um valor específico que indica um elemento de p. Essa é a essência da programação em lógica: a identificação de elementos particulares de relações pela particularização de cláusulas de programa. Como as cláusulas podem ser bastante mais complexas que a cláusula acima, esse processo pode ser bastante sofisticado.

Supondo que o valor constante a pertença à relação q, a particularização da cláusula $p(X) \leftarrow \top \wedge q(X)$ se dá pela *substituição* das ocorrências de X por a, produzindo a "nova" cláusula

$$p(a) \leftarrow \top \wedge q(a)$$

Essa cláusula não tem variáveis. Ela é um caso único e particular da cláusula anterior, que indica que se a pertence a q então a pertence também a p.

Substituindo q por "homem", p por "mortal" e a por "Sócrates", obtemos precisamente o exemplo apresentado na introdução desse capítulo.

Formalmente, uma substituição é um conjunto finito de pares (X_i, t_i), sendo cada X_i uma variável e cada t_i um termo. Uma substituição é bem formada se cada variável X_i ocorrer somente em um par, e se $X_i \neq t_i$ em todos os pares. Denotamos substituições com letras gregas $\theta, \alpha, \beta, \ldots$. Por exemplo, a substituição

$$\theta = \{(X, a), (Y, X)\}.$$

é uma substituição bem formada.

Substituições são aplicadas a cláusulas, para produzir novas cláusulas que são denominadas particularizações. A particularização de uma cláusula é o resultado de substituir simultaneamente na cláusula original todas as ocorrências das variáveis pelos termos correspondentes encontrados na substituição. Por exemplo, seja a cláusula de programa

$$Q = p(X, Y) \leftarrow \top \wedge q(X) \wedge q(Y).$$

Essa cláusula pode ser particularizada utilizando a substituição θ acima. A cláusula resultante, denotada por $Q\theta$, é a cláusula

$$Q\theta = p(a, X) \leftarrow \bot \wedge q(a) \wedge q(X).$$

Substituições podem também ser aplicadas a termos e a literais básicos positivos.

A *composição* de duas substituições é definida assim. Sejam $\alpha = \{(X_1^1, t_1^1), \ldots, (X_n^1, t_n^1)\}$ e $\beta = \{(X_1^2, t_1^2), \ldots, (X_m^2, t_m^2)\}$. A substituição composta $\alpha\beta$ é obtida eliminando do conjunto $\{(X_1^1, t_1^1\beta), \ldots, (X_n^1, t_n^1\beta), (X_1^2, t_1^2), \ldots, (X_m^2, t_m^2)\}$ os pares $(X_i^1, t_i^1\beta)$ tais que $X_i^1 = t_i^1\beta$ e os pares (X_j^2, t_j^2) tais que $X_j^2 = X_i^1$ para algum valor de $i \in \{1, \ldots, n\}$.

Uma substituição θ é *mais geral* que uma substituição α se existir uma terceira substituição β tal que $\alpha = \theta\beta$.

Para ilustrar essas definições, consideremos as seguintes substituições:

- $\theta = \{(X, f(Y)), (Y, g(Y, Z))\}$
- $\alpha = \{(X, f(a)), (Y, g(a, f(b)))\}$
- $\beta = \{(Y, a), (Z, f(b))\}$

É fácil verificar, obedecendo meticulosamente às definições acima, que $\alpha = \theta\beta$. Portanto, θ é mais geral que α. Consideremos agora novamente a cláusula $Q = p(X, Y) \leftarrow \top \wedge q(X) \wedge q(Y)$. A partir dessa cláusula, podemos construir $Q\theta$ e $Q\alpha$:

- $Q\theta = p(f(Y), g(Y, Z)) \leftarrow \top \wedge q(f(Y)) \wedge q(g(Y, Z))$.
- $Q\alpha = p(f(a), g(a, f(b))) \leftarrow \top \wedge q(f(a)) \wedge q(g(a, f(b)))$.

A cláusula Q simplesmente caracteriza uma interconexão entre as relações p e q. A cláusula $Q\theta$ é uma particularização de Q, que caracteriza uma interconexão entre p e q válida somente para valores das variáveis X e Y originalmente em Q que são funcionalmente interligados e determinados pelas imagens das funções f e g. A cláusula $Q\alpha$ também é uma particularização de Q, que caracteriza uma interconexão entre valores específicos que podem assumir as variáveis X e Y.

Dizemos que a cláusula Q é mais geral que $Q\theta$. Como $Q\alpha = (Q\theta)\beta$, devemos também dizer que $Q\theta$ é mais geral que $Q\alpha$.

Consideremos agora os seguintes literais básicos positivos:

- $P_1 = p(X, f(Y, g(a, b, Z)))$,
- $P_2 = p(g(U, W, c), f(V, g(U, W, c)))$,

sendo X, Y, Z, U, V, W variáveis, a, b, c valores constantes e f, g funções.

As substituições $\theta = \{(X, g(a, b, c)), (Y, V), (Z, c), (U, a), (W, b)\}$, $\alpha = \{(X, g(a, b, c)), (Y, c), (Z, c), (U, a), (V, c), (W, b)\}$ e $\beta = \{(X, g(a, b, c)), (V, Y), (Z, c), (U, a), (W, b)\}$ apresentam uma característica em comum: se qualquer uma delas for aplicada aos dois literais básicos positivos acima, as particularizações resultantes são idênticas:

- $P_1\theta = P_2\theta = p(g(a, b, c), f(V, g(a, b, c)))$,
- $P_1\alpha = P_2\alpha = p(g(a, b, c), f(c, g(a, b, c)))$,
- $P_1\beta = P_2\beta = p(g(a, b, c), f(Y, g(a, b, c)))$.

Uma substituição que produz particularizações idênticas de dois literais básicos positivos é chamada uma **unificação** daqueles literais básicos positivos.

Das unificações acima, temos que θ é mais geral que α e que β. Temos também que β é mais geral que α e que θ.

Duas substituições σ_1 e σ_2 tais que σ_1 é mais geral que σ_2 e σ_2 é mais geral que $\sigma\$$ são chamadas **substituições equivalentes**. Necessariamente, quaisquer substituições β_1 e β_2, tais que $\sigma_1 = \beta_1 \sigma_2$ e $\sigma_2 = \beta_2 \sigma_1$ são compostas somente por pares (X_i, Y_i) em que X_i e Y_i, são variáveis[1].

---

[1] O leitor interessado pode tentar demonstrar esse resultado formal.

Em [32] encontramos um resultado muito interessante e importante para a programação em lógica:

Teorema 11.1 — *Dados dois literais básicos positivos quaisquer, se existirem unificações para eles, existirá um conjunto único de unificações equivalentes que serão mais gerais que qualquer outra unificação fora do conjunto. Existe ainda um algoritmo que constrói um elemento arbitrário desse conjunto, ou responde* NÃO *se não existirem unificações.*

Consideramos que a demonstração desse teorema está fora do escopo do presente livro. Sugerimos ao leitor interessado que consulte o artigo [32], ou então [7] para conhecer tal demonstração.

Em [7] um algoritmo não-determinístico de unificação é apresentado, que reproduzimos a seguir. Sejam os literais básicos positivos $p(t_1, ..., t_n)$ e $p(u_1, ..., u_n)$. O algoritmo recebe como entrada o conjunto de equações $t_1 = u_1, ..., t_n = u_n$. O objetivo é responder *não*, caso não exista uma unificação para esses literais, ou construir a unificação θ que pertence ao conjunto descrito acima. Inicialmente, $\theta = \{\}$. O algoritmo opera da seguinte maneira:

1. selecione não deterministicamente uma equação;
2. se a equação for da forma $f(r_1, ..., r_m) = f(s_1, ..., s_m)$, elimine essa equação e inclua as equações $r_1 = s_1, ..., r_m = s_m$;
3. se a equação for da forma $c = c$, elimine essa equação;
4. se a equação for da forma $f(r_1, ..., r_m) = c$, $c = f(r_1, ..., r_m)$ ou $f(r_1, ..., r_m) = g(s_1, ..., s_k)$, responda *não* e encerre o algoritmo;
5. se a equação for da forma $X = X$, elimine essa equação;
6. se a equação for da forma $t = X$, em que t não é uma variável, substitua essa equação por $X = t$;
7. se a equação for da forma $X = t$ e X ocorrer em t (por exemplo, se $t = f(X)$), responda *não* e encerre o algoritmo;
8. se a equação for da forma $X = t$ e X não ocorrer em t, acrescente o par (X, t) em θ e substitua todas as ocorrências de X por t em todas as equações remanescentes.

11.1.3 Resolução

Consideremos agora um conjunto de cláusulas de programa, conforme abaixo:

$$P = \{ \quad C_1 = p(X, Y) \leftarrow \top \land q(X) \land q(Y)$$
$$C_2 = q(X) \leftarrow \top \land r(X)$$
$$C_3 = r(a) \leftarrow \top$$
$$C_4 = r(b) \leftarrow \top$$
$$\}$$

Quais os valores de X pertencem à relação p, dado o valor b para Y?
Essa resposta pode ser obtida conforme apresentado abaixo.

1. Considerando o literal básico positivo $p(X, b)$, existe uma unificação θ para $p(X, b)$ e $p(X, Y)$. Utilizando o algoritmo apresentado acima, obtemos $\theta = \{(Y, b)\}$.

2. Aplicando θ a C_1, obtemos $C_1\theta = p(X, b) \leftarrow \top \wedge q(X) \wedge q(b)$. O par (X, b) pertence à relação p se a conjunção $\top \wedge q(X) \wedge q(b)$ for satisfeita. Essa conjunção, por sua vez, é satisfeita se b pertencer à relação q e se existir pelo menos um valor para X que também pertença à q. Esse valor pode ser o próprio b ou algum outro valor.

3. Observando a cláusula C_2, temos que qualquer valor de X que pertença a r também pertence a q. Seja a substituição $\theta' = \{(X, b)\}$, equivalente a θ. Essa substituição é uma unificação para $r(X)$ e $r(b)$. Utilizando essa unificação, obtemos a particularização $C_2\theta' = q(b) \leftarrow \top \wedge r(b)$.

4. A partir de $C_1 = p(X, Y) \leftarrow \top \wedge q(X) \wedge q(Y)$, obtemos $C_1\theta = p(X, b) \leftarrow \top \wedge q(X) \wedge q(b)$. Se trocarmos, com base em C_2, $q(X)$ por $\top \wedge r(X)$, produzimos uma outra forma de particularização, ao nos restringirmos aos valores de q que são também valores de r. Essa troca implica a geração da cláusula $C_{12}\theta = p(X, b) \leftarrow \top \wedge r(X) \wedge q(b)$, na qual a repetição da constante $\top$ já foi "simplificada".

5. Aplicando agora θ' a $C_{12}\theta$, obtemos $C_{12}\theta\theta' = p(b, b) \leftarrow \top \wedge r(b) \wedge q(b)$. Aplicando θ' a C_2, obtemos $C_2\theta' = q(b) \leftarrow \top \wedge r(b)$. Podemos da mesma forma que acima trocar $q(b)$ por $r(b)$ em $C_{12}\theta\theta'$. Já eliminando os literais repetidos, obtemos dessa maneira a cláusula $C_{122}\theta\theta' = p(b, b) \leftarrow \top \wedge r(b)$.

6. Utilizando a cláusula C_4 e efetuando uma troca como as anteriores, obtemos finalmente a cláusula $C_{1224}\theta\theta' = p(b, b) \leftarrow \top$.

O valor b para a variável X é, portanto, um dos valores que resolve o problema. O valor a também resolve esse problema, e ele pode ser gerado utilizando a cláusula C_3 e a unificação $\alpha = \{(X, a)\}$. Você conseguiria apresentar a seqüência de unificações e trocas correspondente a essa resposta? (*Dica: a cláusula resultante é a cláusula* $C_{1234}\theta\alpha = p(a, b) \leftarrow \top$.)

O método de solução de problemas delineado acima, composto pelo uso intercalado de unificações e trocas, é denominado **resolução**. Formalmente, o método da resolução pode ser apresentado da seguinte maneira.

Seja um conjunto de cláusulas de programa $P = \{C_1, ..., C_n\}$, e seja uma consulta de Horn Q.

- Utilizando uma *regra de escolha* E_1, selecione um literal básico positivo φ_q ocorrendo em Q.

- Utilizando uma *regra de escolha* E_2, selecione uma cláusula de programa $C_i \in P$, tal que $C_i = \varphi_i \leftarrow \top \wedge \Psi_i$ e exista uma unificação θ para φ_q e φ_i.

- Substitua Q por $Q\theta$ e troque $\varphi_q\theta$ por $\Psi_i\theta$ em $Q\theta$.

- Repita os passos acima, até gerar a cláusula $\bot \leftarrow \top$ ou até detectar que essa cláusula é impossível de ser gerada.

A detecção da impossibilidade de gerar a cláusula $\bot \leftarrow \top$ é equivalente ao Problema da Parada, portanto, inviável no caso mais geral. Existem, entretanto, classes de programas em lógica para as quais é possível efetuar essa detecção.

A cláusula $\bot \leftarrow \top$ indica a existência de pelo menos um conjunto de valores para as variáveis presentes em Q tal que a conjunção apresentada em Q não contradiz as cláusulas de programa presentes em P. Esse conjunto de valores está precisamente determinado pela composição das unificações utilizadas na construção de $\bot \leftarrow \top$.

Na próxima seção apresentaremos alguns aspectos da semântica das cláusulas de Horn, explicando melhor o que queremos dizer com uma conjunção presente em uma consulta de Horn "contradizer" um conjunto de cláusulas de programa. Antes disso, vamos analisar alguns exemplos simples para esclarecer melhor o mecanismo da programação em lógica visto até esse ponto.

Adotaremos as regras de escolha utilizadas na linguagem de programação em lógica Prolog. Essa linguagem de programação em lógica é bastante difundida e poderosa. As regras de escolha utilizadas na linguagem Prolog são bastante simples:

- E_1: selecione o literal básico positivo mais à esquerda na conjunção considerada.

- E_2: selecione a primeira cláusula de programa em P com a propriedade desejada e efetue a troca correspondente. Se as trocas resultantes não possibilitarem a construção da cláusula $\bot \leftarrow \top$, desfaça a troca efetuada e selecione a cláusula seguinte em P que apresente a mesma propriedade. Repita o processo enquanto existirem elementos não testados em P.

11.1.4 Exemplos

Apresentamos, a seguir, dois exemplos ilustrativos do uso de programas em lógica para a resolução de problemas.

Exemplo 11.1 — **Ordenação de listas.** Uma lista pode ser construída utilizando a seguinte função (|) e relação recorrente (*lista*):

- $lista(nil) \leftarrow \top$, que denota que a lista vazia (nil) é uma lista.

- $lista(X \mid Y) \leftarrow \top \wedge lista(Y)$, que denota que, se Y for uma lista, então a lista cujo primeiro elemento é um valor da variável X e os elementos restantes são os elementos da lista Y também é uma lista.

Uma relação de ordem ≤ pode ser definida entre cinco constantes a, b, c, d e e da seguinte forma:

- $a \leq a \leftarrow$ T.
- $a \leq b \leftarrow$ T.
- $a \leq c \leftarrow$ T.
- $a \leq d \leftarrow$ T.
- $a \leq e \leftarrow$ T.
- $b \leq b \leftarrow$ T.
- $b \leq c \leftarrow$ T.
- $b \leq d \leftarrow$ T.
- $b \leq e \leftarrow$ T.
- $c \leq c \leftarrow$ T.
- $c \leq d \leftarrow$ T.
- $c \leq e \leftarrow$ T.
- $d \leq d \leftarrow$ T.
- $d \leq e \leftarrow$ T.
- $e \leq e \leftarrow$ T.

Como, por simplicidade, suprimimos a negação explícita dessa linguagem, precisamos declarar explicitamente a relação >, complementar a ≤:

- $b > a \leftarrow$ T.
- $c > a \leftarrow$ T.
- $d > a \leftarrow$ T.
- $e > a \leftarrow$ T.
- $c > b \leftarrow$ T.
- $d > b \leftarrow$ T.
- $e > b \leftarrow$ T.
- $d > \leftarrow$ T.
- $e > c \leftarrow$ T.
- $e > d \leftarrow$ T.

Seja agora L uma lista cujos elementos pertencem ao conjunto de constantes $\{a, b, c, d, e\}$. A relação $ord(L, Z)$ deve caracterizar pares de listas, tais que o valor de Z seja uma lista cujos elementos sejam a permutação dos elementos de L, em que esses elementos aparecem em ordem ascendente, obedecendo à relação $\leq$.

Essa relação pode ser escrita da seguinte maneira:

- $ord(nil, nil) \leftarrow \top$.
- $ord(X \mid Y, Z_1) \leftarrow \top \wedge ord(Y, Z_2) \wedge ins(X, Z_2, Z_1)$.
- $ins(X, nil, X \mid nil) \leftarrow \top$.
- $ins(X, Y \mid Z, X \mid Y \mid Z) \leftarrow \top \wedge X \leq Y$.
- $ins(X, Y \mid Z_1, Y \mid Z_2) \leftarrow \top \wedge X > Y \wedge ins(X, Z_1, Z_2)$.

Com esse programa em lógica, podemos verificar que existe uma permutação dos elementos da lista $b \mid c \mid a \mid nil$ em que os elementos a, b e c aparecem em ordem ascendente. Isso é feito utilizando a consulta de Horn

$$\bot \leftarrow \top \wedge ord(b \mid c \mid a \mid nil, Z_1).$$

A resolução dessa cláusula ocorre da seguinte maneira[2]:

1. $\bot \leftarrow \top \wedge ord(c \mid a \mid nil, Z_2) \wedge ins(b, Z_2, Z_1)$.
2. $\bot \leftarrow \top \wedge ord(a \mid nil, Z_3) \wedge ins(c, Z_3, Z_2) \wedge ins(b, Z_2, Z_1)$.
3. $\bot \leftarrow \top \wedge ord(nil, Z_4) \wedge ins(a, Z_4, Z_3) \wedge ins(c, Z_3, Z_2) \wedge ins(b, Z_2, Z_1)$. $\{(Z_4, nil)\}$
4. $\bot \leftarrow \top \wedge ins(a, nil, Z_3) \wedge ins(c, Z_3, Z_2) \wedge ins(b, Z_2, Z_1)$. $\{(Z_3, a \mid nil)\}$
5. $\bot \leftarrow \top \wedge ins(c, a \mid nil, Z_2) \wedge ins(b, Z_2, Z_1)$. $\{(Z_2, a \mid c \mid nil)\}$
6. $\bot \leftarrow \top \wedge ins(b, a \mid c \mid nil, Z_1)$. $\{(Z_1, a \mid b \mid c \mid nil)\}$
7. $\bot \leftarrow \top$. □

Exemplo 11.2 — **Fragmento de aritmética de números naturais.** O conjunto de números naturais pode ser construído a partir de uma constante *zero* e uma função de sucessor s. A relação *nat* verifica se um número é natural:

- $nat(zero) \leftarrow \top$.
- $nat(s(X)) \leftarrow \top \wedge nat(X)$.

---

[2]Criamos livremente nomes de variáveis, para facilitar o entendimento do processo de resolução.

A soma de dois números naturais pode ser codificada como uma relação entre três valores. Uma tripla (X, Y, Z) pertence à relação *soma* se Z for a soma de X e Y:

- $soma(X, zero, X) \leftarrow \top \wedge nat(X)$.
- $soma(X, s(Y), s(Z)) \leftarrow \top \wedge soma(X, Y, Z)$.

Essa relação permite computar somas e subtrações. Por exemplo, para calcular a soma de 3 e 2 utilizamos a consulta de Horn

$$\bot \leftarrow \top \wedge soma(s(s(s(zero))), s(s(zero)), Z_1).$$

O cálculo procede da seguinte maneira:

1. $\bot \leftarrow \top \wedge soma(s(s(s(zero))), s(zero), Z_2) . \{(Z_1, s(Z_2))\}$
2. $\bot \leftarrow \top \wedge soma(s(s(s(zero))), zero, Z_3) . \{(Z_1, s(Z_3)), (Z_2, s(Z_3))\}$
3. $\bot \leftarrow \top . \{(Z_1, s(s(s(s(s(zero)))))), (Z_2, s(s(s(s(zero))))), (Z_3, s(s(s(zero))))\}$

Para calcular a subtração entre 4 e 2, precisamos computar o valor que somado a 2 resulta 4. Isso pode ser feito utilizando a consulta de Horn

$$\bot \leftarrow \top \wedge soma(X_1, s(s(zero)), s(s(s(s(zero))))).$$

O cálculo procede da seguinte maneira:

1. $\bot \leftarrow \top \wedge soma(X_1, s(zero), s(s(s(zero))))$.
2. $\bot \leftarrow \top \wedge soma(X_1, zero, s(s(zero)))$.
3. $\bot \leftarrow \top . \{(X_1, s(s(zero)))\}$.

O produto de dois números naturais pode ser definido a partir da soma. De forma semelhante, podemos definir a divisão e o resto da divisão de dois números naturais. Essas operações são deixadas como exercícios. □

11.2 ASPECTOS LÓGICOS

O **significado** de um programa em lógica é definido como os menores conjuntos de tuplas de valores que necessariamente precisam pertencer às relações do programa, de forma que todas as cláusulas de programa sejam satisfeitas. Uma cláusula de programa $\varphi \leftarrow \top \wedge \Psi$ é **satisfeita** por tuplas de valores se, substituindo as variáveis na cláusula pelos valores apropriados que ocorrem nas tuplas, no caso de a conjunção $\top \wedge \Psi$ ser tal que cada tupla de valores pertence à relação correspondente em Ψ, a tupla de valores que couber a φ também pertencerá a φ.

O parágrafo acima é matematicamente preciso, porém o seu entendimento não é fácil. Vamos esclarecer o seu significado fazendo uso de dois exemplos.

Exemplo 11.3 — Seja o programa em lógica composto pelas seguintes quatro cláusulas:

1. $p(X) \leftarrow \top \wedge q(X) \wedge r(X)$.
2. $q(a) \leftarrow \top$.
3. $r(a) \leftarrow \top$.
4. $r(b) \leftarrow \top$.

Se o valor a não pertencer à relação q, a cláusula (2) não será satisfeita. Se os valores a e b não pertencerem à relação r, as cláusulas (3) e (4) não serão satisfeitas.

O valor a é o único valor que pertence a q e a r, portanto ele é o único valor que precisa pertencer à relação p para que a cláusula (1) seja satisfeita.

O significado desse programa, portanto, são os seguintes conjuntos de valores associados a cada relação pertencente ao programa:

- p: $\{a\}$.
- q: $\{a\}$.
- r: $\{a, b\}$. □

Exemplo 11.4 — Seja o programa em lógica composto pelas seguintes três cláusulas:

1. $p(X, Y) \leftarrow \top \wedge q(X) \wedge q(Y)$.
2. $q(a) \leftarrow \top$.
3. $q(b) \leftarrow \top$.

Se os valores a e b não pertencerem à relação q, as cláusulas (2) e (3) não serão satisfeitas.

Considerando a cláusula (1), se X e Y forem substituídos por exemplo por a, o par (a, a) necessariamente precisa pertencer à relação p para que essa cláusula seja satisfeita. O mesmo ocorre para todas as outras possibilidades de combinação dos valores a e b.

O significado desse programa, portanto, são os seguintes conjuntos de valores associados a cada relação pertencente ao programa:

- p: $\{(a, a), (a, b), (b, a), (b, b)\}$.
- q: $\{a, b\}$. □

Existe uma maneira sistemática de construir o significado de qualquer programa em lógica. Não devemos chamar essa maneira sistemática de um algoritmo, pois o significado de uma relação pode ser um conjunto infinitamente enumerável (como por exemplo o significado da relação *nat* no Exemplo 11.2) e, portanto, a sua construção computacional nunca terminaria. Essa maneira sistemática de construção do significado de programas é bastante simples, conforme apresentado a seguir:

1. Associe inicialmente o conjunto vazio a cada uma das relações que ocorre no programa.
2. Verifique as cláusulas uma a uma quanto à satisfação. Se uma cláusula não for satisfeita, acrescente o conjunto mínimo de valores à relação *à esquerda* do conectivo ← que torna aquela cláusula satisfeita.

Observe que, ao inserir valores a relações devido a uma cláusula, outras cláusulas que estavam anteriormente satisfeitas podem passar a ser não satisfeitas.

3. Reitere o processo até que todas as cláusulas estejam satisfeitas.

Exemplo 1.5 — Seja o seguinte programa em lógica:

1. $p(X, Y) \leftarrow \top \wedge q(X) \wedge q(Y)$.
2. $q(X) \leftarrow \top \wedge r(X)$.
3. $r(a) \leftarrow \top$.
4. $r(b) \leftarrow \top$.

Inicialmente, consideremos que as relações p, q e r têm como significado o conjunto vazio:

- p: {}
- q: {}
- r: {}

Dessa forma, as cláusulas (1) e (2) são satisfeitas, mas as cláusulas (3) e (4) não o são. Para que as cláusulas (3) e (4) passem a ser satisfeitas, precisamos modificar o significado de r, da seguinte forma:

- p: {}
- q: {}
- r: {a, b}

Agora as cláusulas (1), (3) e (4) são satisfeitas, mas a cláusula (2), que era anteriormente satisfeita, não mais é satisfeita. Para que a cláusula (2) volte a ser satisfeita, precisamos modificar o significado de q:

- p: {}
- q: {a, b}
- r: {a, b}

Conseguimos dessa forma que as cláusulas (2), (3) e (4) sejam satisfeitas, mas a cláusula (1) deixou de ser satisfeita. Para que a cláusula (1) também seja satisfeita, precisamos finalmente modificar o significado de p:

- p: {$(a,a),(a,b),(b,a),(b,b)$}
- q: {a,b}
- r: {a,b} □

Essa construção do significado das relações de um programa em lógica é monotônica: um valor nunca é retirado do significado de uma relação. Conforme demonstrado em [7], com base em um resultado de Tarski [40], os significados das relações construídos dessa forma são mínimos, e ainda correspondem exatamente aos valores vinculados às variáveis quando é construída uma cláusula da forma $\bot \leftarrow \top$ a partir de um programa em lógica e uma consulta de Horn.

11.3   A LINGUAGEM PROLOG

A linguagem Prolog é a implementação mais popular dos conceitos de programação em lógica. Qualquer boa implementação dessa linguagem contém muitos recursos não tratados aqui, como por exemplo a possibilidade de representação e manipulação de negação explícita nas cláusulas; funções e predicados predefinidos para a aritmética de números inteiros e de ponto flutuante; operadores metalógicos para controlar as regras de escolha utilizadas; e recursos para captura de valores e exibição de resultados semelhantes aos recursos de entrada e saída de dados das linguagens imperativas.

A conversão de um programa em lógica na notação das seções anteriores em um programa Prolog é feita da seguinte maneira:

- substitua o conectivo $\leftarrow$ pelos caracteres :-;
- substitua o conectivo $\wedge$ pela vírgula (,);
- elimine a constante $\top$;
- termine cada cláusula com um ponto (.);
- verifique que todas as variáveis — e somente elas — iniciam com letras maiúsculas.

O programa do Exemplo 11.2, por exemplo, fica escrito assim:

```
nat(zero).
nat(s(X)) :- nat(X).

soma(X,zero,X) :- nat(X).
soma(X,s(Y),s(Z)) :- soma(X,Y,Z).
```

Observe que as cláusulas da forma $\varphi \leftarrow \top$ são convertidas simplesmente para φ.

Uma consulta de Horn é convertida para Prolog eliminando as constantes $\bot$ e $\top$. Por exemplo, a consulta $\bot \leftarrow \top \wedge soma(s(s(s(zero))), s(s(zero)), Z_1)$ — que computa a soma de 3 e 2 — fica escrita assim:

```
soma(s(s(s(zero))),s(s(zero)),Z).
```

A ativação do programa acima com essa consulta gera a seguinte resposta:

```
Z = s(s(s(s(s(zero))))).

yes
```

Essa resposta indica um procedimento de resolução bem-sucedido (indicado pelo ``yes'' no final da resposta), apresentando também a(s) unificação(ies) utilizada(s), ou seja, os valores que foram vinculados às variáveis.

11.4 LEITURA RECOMENDADA

Utilizamos como base para esse capítulo fragmentos do texto de Apt [7]. Esse texto, embora bastante conciso, contém uma quantidade notável de informações a respeito da programação em lógica. Recomendamos ao leitor interessado que o consulte para um estudo mais aprofundado do tema. Outra boa referência para a teoria de programação em lógica é o livro de J. W. Lloyd [26].

Em [38] encontramos uma revisão geral da unificação, tanto do ponto de vista teórico como de algoritmos e eficiência. O procedimento de solução de problemas por *resolução* foi proposto por Robinson em [32].

A determinação do significado de programas em lógica se fundamenta em resultados algébricos apresentados em [40]. Recomendamos ao leitor que aprecia um bom texto de matemática consultar esse artigo, que é muito elegante e didático.

Ao leitor que nunca participou de um curso de lógica formal, recomendamos consultar alguns textos básicos sobre o assunto para melhor apreciar os resultados expostos nesse capítulo. Por exemplo, sugerimos [27, 37].

Quanto à linguagem Prolog, existem diversas referências bibliográficas e diversas implementações disponíveis gratuitamente. Recomendamos, por exemplo, o livro-texto de Sterling e Shapiro [39] e o interpretador/compilador desenvolvido na Universidade de Amsterdã, SWI-Prolog, que pode ser encontrado em http://www.swi-prolog.org.

11.5 EXERCÍCIOS

1. Utilizando a linguagem de programação de sua preferência, construa uma estrutura de dados para representar literais básicos positivos e implemente o algoritmo de unificação apresentado em 11.1.2.

2. Demonstre que se duas substituições θ_1 e θ_2 são equivalentes, então elas são compostas somente por pares (X_i, Y_i), em que X_i e Y_i são variáveis.

3. Tomando como base as operações aritméticas apresentadas no Exemplo 11.2, construa relações para produto, divisão e resto da divisão de números naturais.

4. Tomando como base o resultado do exercício anterior, construa relações de comparação ($\leq, \geq, =, >, <$) entre números naturais.

5. Tomando como base os resultados dos dois exercícios anteriores, construa uma relação *primo* que, dado um número natural, identifica se esse número é primo.

6. Construa um programa em lógica que calcule o comprimento de uma lista. O comprimento da lista *nil* é por definição zero, e o comprimento de uma lista diferente de *nil* é a quantidade de elementos diferentes de *nil* pertencentes à lista.

7. Construa um programa em lógica que, dadas duas listas, produza uma terceira lista que é o resultado da concatenação das duas primeiras.

7. Construa um programa em lógica que, dada uma lista, inverte a ordem dos seus elementos. Por exemplo, dada a lista $a \mid b \mid c \mid nil$, o programa deve construir a lista $c \mid b \mid a \mid nil$.

8. Construa um programa em lógica que, dada uma lista composta por números naturais (representados como no Exemplo 11.2), produz uma lista contendo todos e somente os números pares da lista dada.

12
Programação baseada em propagações de restrições

> "O preço do feijão
> não cabe no poema. O preço
> do arroz
> não cabe no poema"
> *Ferreira Gullar*

A programação baseada em propagação de restrições está se tornando um paradigma de grande sucesso em áreas específicas, como inteligência artificial, bases de dados, otimização combinatória e construção de interfaces com usuários [35].

O motivo desse sucesso é a capacidade de modelar com eficiência problemas complexos dessas áreas. Um programa é composto pela declaração de variáveis e seus respectivos tipos, juntamente com equações e inequações entre os valores permitidos para essas variáveis, que caracterizam as **restrições**. A resolução das restrições determina conjuntos de valores para as variáveis que resolvem o problema caracterizado dessa forma.

Podemos considerar a programação em lógica como um caso particular de programação baseada em propagação de restrições. Historicamente a propagação de restrições surgiu como uma generalização dos mecanismos de unificação e resolução utilizados na programação em lógica. Isso fica evidenciado quando observamos que muitas das linguagens propostas para programação baseada em propagação de restrições são extensões da linguagem Prolog, como por exemplo Chip [4] e Eclipse [6] (uma lista mais completa pode ser encontrada em [35]).

A programação por propagação de restrições é atraente porque oculta quase completamente o mecanismo de resolução do problema de quem está modelando esse problema. Programar significa especificar o problema, segundo os ditames da programação declarativa. É justamente essa característica a que mais dificulta a construção de boas linguagens para propagação de restrições, uma vez que os mecanismos para resolução de problemas "embutidos" nessas linguagens precisam ser ao mesmo tempo genéricos e eficientes.

Os mecanismos utilizados em linguagens para propagação de restrições recentes, incluindo o ambiente Mozart-Oz conforme descrito em [29, 35], são **propagadores de espaços de computação**.

Um programa define um conjunto de variáveis e associa a cada uma delas um tipo inicial. O programa define também um conjunto de restrições, que são equações e inequações envolvendo as variáveis definidas. A associação de tipos iniciais às variáveis é denominada de **conjunto de restrições básicas**, e as equações e inequações são os **propagadores** de um programa.

A execução de um programa é um processo de busca de possíveis determinações de valores para todas as variáveis, e que todas as restrições — básicas e propagadores — sejam satisfeitas. Esse processo de busca ocorre pela colocação das variáveis e seus respectivos tipos iniciais em um **espaço de computação**, e pela posterior intercalação de três algoritmos:

1. **propagação**: os tipos iniciais das variáveis são restritos, de forma a satisfazer a todas as restrições declaradas. Se isso não for possível, o programa encerra a execução com falha — as restrições são conflitantes e a alguma variável foi associado o tipo vazio. Caso contrário, o programa apresenta os tipos correspondentes para cada variável;

2. **ramificação**: novas restrições são geradas, que não sejam conflitantes com as determinações correntes de tipos das variáveis e particionem esses tipos em alternativas complementares. Por exemplo, conforme apresentado em [29], se uma variável x estiver associada ao tipo composto pelos números inteiros $\{1, 2, 3, 4\}$, algumas possíveis partições são:

    (a) $x = 1$ ou $x \neq 1$;

    (b) $x \leq 2$ ou $x > 2$;

    (c) $x = 1$ ou $x = 2$ ou $x = 3$ ou $x = 4$; etc.

    Cada ramo construído pela inserção das novas restrições é um novo **espaço de computação** gerado.

3. **exploração**: cada espaço de computação gerado pelo processo de ramificação é percorrido, obedecendo a alguma estratégia de busca (profundidade, amplitude, com ou sem retrocesso, etc.), à procura de uma solução do problema. Cada solução tentativa é:

a) associação de valores específicos para cada variável — nesse caso o programa encerra a execução e apresenta o resultado obtido; ou

b) uma condição de falha, a qual indica que a alguma variável foi associado o tipo vazio — nesse caso, o programa abandona aquela alternativa e tenta outra possibilidade gerada pelo processo de ramificação, segundo a estratégia implementada para a exploração; ou

c) nenhuma das alternativas anteriores — nesse caso o processo é reiterado com os novos domínios vinculados às variáveis, ou seja ocorre nova ramificação e exploração de novas possibilidades.

A construção de uma boa linguagem de programação baseada em propagação de restrições se fundamenta na boa escolha dos tipos de dados e respectivos propagadores para pertencer à linguagem, e nos algoritmos de propagação, ramificação e exploração relativos a cada tipo de dados implementado, de forma a garantir a convergência eficiente na resolução do problema de associar valores específicos para as variáveis em qualquer programa.

Exemplo 12.1 — Por exemplo, vamos considerar que nosso problema tem duas variáveis X e Y, que a restrição básica para as duas variáveis seja que seus valores pertençam ao conjunto $\{1, 2, 3, 4\}$ e que o problema a ser resolvido seja codificado pelo propagador $X > Y$.

Podemos considerar os problemas de gerar *uma* solução para o problema (ou seja: valores arbitrários para X e Y que satisfaçam à restrição básica e ao propagador) e *todas* as soluções para o problema (ou seja: todos os pares (X_v, Y_v) tais que X_v é um valor para X, Y_v é um valor para Y e a restrição básica e propagador são satisfeitos para (X_v, Y_v)). Nesse exemplo específico não faria sentido procurar a *melhor* solução para o problema, mas se as soluções fossem linearmente ordenadas de alguma forma, essa seria uma terceira possibilidade.

É fácil verificar que as soluções para o problema são:

X_v	Y_v
2	1
3	1
4	1
3	2
4	2
4	3

As possíveis alternativas são os 16 pares de valores para X e Y: (1,1), (1,2), ..., (4,4). Resolver esse problema significa partir da condição inicial que associa a X e a Y os valores {1, 2, 3, 4} e, por processos sucessivos de ramificação e exploração, reduzir esses conjuntos até que eles se tornem conjuntos unários.

Uma possibilidade é obedecer à ordem usual para números naturais e ramificar os valores de X e de Y sempre separando a primeira alternativa das outras. Se a exploração for efetuada por busca simples com retrocesso, a busca nos espaços de computação ocorre na seguinte ordem:

X	Y	Algoritmo	Resultado
{1, 2, 3, 4}	{1, 2, 3, 4}	Ramificação	X = {1}, {2, 3, 4}, Y = {1}, {2, 3, 4}
		Exploração	X = {1}, Y = {1}
{1}	{1}	Propagação	*Falha:* propagador não satisfeito
{1}	{2, 3, 4}	Ramificação	X = {1}, Y = {2}, {3, 4}
		Exploração	X = {1}, Y = {2}
{1}	{2}	Propagação	*Falha:* propagador não satisfeito

(...)

| {2} | {1} | Propagação | *Sucesso:* X_v = 2, Y_v = 1 |

(...)

| {4} | {4} | Propagação | *Falha:* propagador não satisfeito |

Esses procedimentos para resolver o problema são convergentes, porém ineficientes. Procedimentos mais eficientes devem particionar os espaços de computação de maneira diferente (no processo de ramificação) e percorrer os espaços gerados segundo estratégias diferentes (no processo de exploração). □

12.1 VALORES E TIPOS

Os tipos relevantes para a programação baseada em propagação de restrições são aqueles que permitem a formulação de propagadores. Na maioria das linguagens atuais, os tipos considerados são:

- domínios finitos, que podem ser ordenados de alguma maneira — efetivamente, domínios de conjuntos finitos são transformados em subconjuntos finitos de inteiros;
- domínios de conjuntos finitos, que também podem ser ordenados. Um elemento desse domínio é um conjunto finito de elementos homogêneos de outro tipo (inteiros, reais, cadeias de caracteres, etc.);
- intervalos (fechados e/ou abertos) de números reais; e
- árvores e subárvores racionais — uma árvore racional é uma árvore que pode ser infinita, mas que tem um número finito de subárvores distintas e tal que nenhum nó da árvore tem um número infinito de ramos. As árvores racionais generalizam as árvores finitas, preservando a possibilidade de resolução computacional de propagadores. Os tipos compostos e recursivos considerados para a propagação de restrições (listas, grafos, árvores, etc.) precisam ser passíveis de serem reescritos como árvores racionais.

Além desses, o *tipo vazio* também está sempre presente nas linguagens de programação por propagação de restrições, para denotar o conflito entre propagadores.

12.2 VARIÁVEIS

Às variáveis são associadas inicialmente **restrições básicas**, que são subconjuntos dos tipos apresentados na Seção 12.1.

O objetivo na resolução de um problema por propagação de restrições é sempre a atribuição de valores individuais às variáveis definidas em um programa. Esse processo ocorre pela intercalação de processos de **propagação**, **ramificação** e **exploração** conforme descrito no início deste capítulo, que geram subconjuntos cada vez mais restritos desses mesmos tipos e os associam às variáveis do programa. Durante o processo, pode ocorrer de alguns propagadores entrarem em conflito, e nesse caso uma ou mais variáveis são associadas ao *tipo vazio*.

12.3 EXPRESSÕES E COMANDOS

As expressões essenciais para compor qualquer linguagem de programação baseada em propagação de restrições devem declarar as seguintes operações:

1. As variáveis podem ter tipos estáticos ou dinâmicos, dependendo da linguagem considerada. No ambiente de programação Mozart-Oz apresentado a seguir, por exemplo, os tipos são dinâmicos.

2. A vinculação de valores a variáveis ocorre por algum operador de atribuição, que denotaremos genericamente aqui por $\Leftarrow$. Assim, respeitando os tipos das variáveis, se X for uma variável e v for um valor compatível com o tipo de X, a expressão $X \Leftarrow v$ vincula o valor v à variável X.

Em geral, as linguagens de programação baseada em propagação de restrições manipulam valores numéricos, portanto, as expressões aritméticas usuais pertencem a essas linguagens. Dessa forma, uma expressão da forma $X \Leftarrow v_1 + v_2$, por exemplo, onde v_1 e v_2 são números inteiros e X é uma variável compatível com números inteiros, vincula a X o resultado da soma dos valores v_1 e v_2.

Variáveis podem também receber valores compostos, construídos a partir dos valores escalares. Para isso, existem nas linguagens de programação por propagação de restrições construtores de listas. Algumas linguagens, como, por exemplo, o ambiente Mozart-Oz, apresentam também construtores específicos para árvores (que são árvores racionais, no caso de Mozart-Oz). Vamos denotar a lista vazia como *nil* e o construtor de listas como |. Assim, a lista composta pelos inteiros 1, 2 e 3 (nessa ordem) é construída pela expressão 1 | 2 | 3 | *nil*. Para simplificar a leitura e manipulação de listas, vamos alternativamente denotar essa mesma lista como [1, 2, 3]. Se quisermos que essa lista seja o valor de nossa variável X, podemos conseguir isso com a expressão X $\Leftarrow$ [1, 2, 3].

Propagadores mais complexos podem ser programados utilizando comandos de seleção e de iteração. A fim de nos aproximarmos da linguagem que apresentaremos como exemplo (o ambiente Mozart-Oz), denotaremos esses comandos da seguinte forma:

- contaremos com os valores booleanos T e ⊥ em nossa linguagem. Os valores booleanos resultam de testes relacionais, como por exemplo a comparação de valores numéricos;

- uma variável pode ser do tipo booleano e, portanto, ser vinculada ao resultado de testes relacionais. Por exemplo, a expressão $X \Leftarrow 3 \leq 5$ vincula o valor T a X;

- o construtor de seleção é denotado como $\boxed{\text{se}}$ X $\boxed{\text{então}}$ σ_1 $\boxed{\text{senão}}$ σ_2, onde σ_1 e σ_2 são blocos compostos por propagadores e atribuições. A variável X deve ser do tipo booleano. Se o seu valor for T, o bloco σ_1 será executado, caso contrário o bloco σ_2 será executado;

- iterações ocorrem sobre listas. O construtor de repetição é denotado como $\boxed{\text{Para Todos}}$ X σ, onde σ é um bloco composto por propagadores e atribuições e X tem como valor uma lista. O bloco σ será executado seqüencialmente para todos os valores contidos em X.

As variáveis devem também receber *tipos*, e para isso precisamos de um **construtor de restrições básicas**. Denotaremos esse construtor como ::. Assim, a expressão X :: {0, 1, 2, 3, 4, 5, 6, 7, 8, 9} vincula à variável X o *conjunto de valores* composto pelos números naturais 0, 1, ..., 9.

Com essas expressões e comandos podemos codificar conjuntos de restrições e propagadores. Para que possamos abstrair propagadores complexos, as linguagens de programação baseadas em propagação de restrições também apresentam mecanismos para encapsulamento desses propagadores como *procedimentos*. Denotaremos a criação de um procedimento como $\boxed{\text{proc}}$ *Nome* $X_1 \ldots X_n \sigma$, onde *Nome* é o nome do procedimento, $X_1, \ldots, X_n$ são os nomes locais das variáveis no procedimento e σ são os propagadores, atribuições e restrições que

12.4 UM EXEMPLO

Para ilustrar todos esses conceitos, vamos considerar a resolução de um quebra-cabeças bastante conhecido e muito apropriado para ser resolvido através da propagação de restrições.

Exemplo 12.2 — Considere a seguinte "expressão aritmética": $SEND + MORE = MONEY$. Quais dígitos devem ser associados às variáveis S, E, N, D, M, O, R e Y para que a expressão esteja correta para os números naturais?[1]

Uma condição adicional geralmente considerada é que cada uma das variáveis deve ser vinculada a um dígito distinto. Para isso, vamos criar um procedimento auxiliar, denominado *Difs*:

$\boxed{\text{proc}}\ Difs[X \mid L]\ Resp$

$\quad \boxed{\text{se}}\ L = nil\ \boxed{\text{então}}\ Resp \Leftarrow \top$

$\quad \boxed{\text{senão}}$

$\qquad Difs\ L\ Resp_1$

$\qquad \boxed{\text{se}}\ Resp_1 = \top\ \boxed{\text{então}}\ Resp \Leftarrow \bot$

$\qquad \boxed{\text{senão}}$

$\qquad\quad Novo\ X\ L\ Resp_2$

$\qquad\quad Resp \Leftarrow Resp_2$

Esse procedimento verifica se todos os elementos de uma lista são distintos. Ele faz uso de um outro procedimento, denominado *Novo*:

$\boxed{\text{proc}}\ Novo\ X\ [Y \mid L]\ Resp$

$\quad \text{se}\ L = nil\ \boxed{\text{então}}\ Resp \Leftarrow X \neq Y$

$\quad \boxed{\text{senão}}$

$\qquad Novo\ X\ L\ Resp_1$

$\qquad \boxed{\text{se}}\ Resp_1 = \bot\ \boxed{\text{então}}\ Resp \Leftarrow \bot$

$\qquad \boxed{\text{senão}}$

$\qquad\quad Resp \Leftarrow X \neq Y$

---

[1] Para visualizar um pouco melhor o problema, ele é geralmente apresentado como:

	S	E	N	D	
	M	O	R	E	+
	M	O	N	E	Y

Uma outra condição adicional é que os dígitos mais à esquerda dos três números (ou seja, os dígitos mais significativos) sejam diferentes de zero. Assim, o problema fica codificado da seguinte forma:

S :: {1, ..., 9}

E :: {0, ..., 9}

N :: {0, ..., 9}

D :: {0, ..., 9}

M :: {1, ..., 9}

O :: {0, ..., 9}

R :: {0, ..., 9}

Y :: {0, ..., 9}

$Difs[S, E, N, D, M, O, R, Y]$ ⊤

$1000 * S + 100 * E + 10 * N + D +$

$1000 * M + 100 * O + 10 * R + E =$

$10000 * M + 1000 * O + 100 * N + 10 * E + Y +$

Isso é um programa para ser resolvido por propagação de restrições! O objetivo então é determinar *uma* (ou então *todas*, ou — se fizer sentido para um problema específico — *a melhor*) atribuição de valores às variáveis do problema que satisfaça a todas as restrições.

Conforme delineado no início desse capítulo, o problema é resolvido com base em alguma estratégia de ramificação e exploração. A ramificação particiona os domínios impostos pelas restrições básicas, as restrições e propagadores são então verificadas para todas as variáveis e, se todos forem satisfeitos, a exploração determina novas ramificações a serem efetuadas. Quando algum propagador deixa de ser satisfeito, a estratégia de exploração precisa buscar ramificações alternativas, até encontrar a solução procurada ou extinguir o espaço de busca. □

12.5   O AMBIENTE DE PROGRAMAÇÃO MOZART-OZ

O ambiente de programação Mozart-Oz é fruto de um projeto internacional europeu em desenvolvimento há mais de dez anos. O resultado é um ambiente de programação altamente sofisticado e bem construído. O objetivo desse projeto é integrar harmonicamente a propagação de restrições, concorrência e orientação a objetos.

Nessa seção apresentaremos apenas uma minúscula fração desse ambiente de programação, somente para expor uma versão operacional do exemplo apresentado na seção anterior. Recomendamos ao leitor interessado que explore mais profundamente esse ambiente de programação, que aliás é um software livre e de código aberto.

O exemplo apresentado aqui é baseado em [29].

Exemplo 12.3 — Todas as variáveis nesse exemplo têm como tipos domínios finitos (ou seja, isomórficos a subconjuntos finitos de números inteiros). Assim, utilizaremos um pacote predefinido contendo estratégias para ramificação e exploração em domínios finitos. Os componentes desse pacote são identificados pelo prefixo FD (do inglês "Finite Domains"). Utilizaremos os componentes FD.distinct, que impõe que as instâncias das variáveis que resolvem o problema precisam ser distintas duas a duas, e FD.distribute, que determina a estratégia de ramificação a ser utilizada. Selecionamos a estratégia apresentada no início do capítulo, que é denotada como ff (do inglês "fail first").

Vamos criar um procedimento denominado QuebraCabeca, que quando satisfeito coloca na variável Resposta a solução encontrada. Internamente ao procedimento, criaremos as variáveis S, E, N, D, M, O, R e Y.

Para podermos exibir a solução do problema como o valor da variável Resposta, associaremos a essa variável o tipo árvore racional (que no nosso caso é uma árvore finita), tendo como raíz o literal resolve e folhas, as variáveis S, E, N, D, M, O, R e Y.

Esse problema tem uma única solução. Assim, podemos solicitar que o programa encerre o processamento ao conseguir *um* conjunto de valores para as variáveis que satisfaça a todas as restrições e propagadores, ou *todos* os conjuntos de valores nas mesmas condições. Os resultados devem ser idênticos, mas no segundo caso o processo de busca deve verificar todo o espaço de busca.

Apresentamos, a seguir, o código que implementa esse procedimento:

```
/***************************************************************
   Declaração do procedimento QuebraCabeca, que deve
   resolver o problema e vincular a solução à variável Resposta

   As variáveis S E N D M O R Y são internas ao procedimento
***************************************************************/
declare
proc {QuebraCabeca Resposta}
   S E N D M O R Y
in
/***************************************************************
   Resposta é uma árvore. O nó raíz é o literal resolve e as
   folhas são as variáveis internas
***************************************************************/
   Resposta = resolve(s_vale:S e_vale:E n_vale:N
              d_vale:D m_vale:M o_vale:O r_vale:R y_vale:Y)
/***************************************************************
```

Restrições básicas sobre as variáveis internas:
- S e M são vinculadas aos conjuntos {1, ..., 9}
- E, N, D, O, R e Y são vinculadas aos conjuntos {0, ..., 9}
**/

```
S :: 1#9
E :: 0#9
N :: 0#9
D :: 0#9
M :: 1#9
O :: 0#9
R :: 0#9
Y :: 0#9
```

/***
Propagadores:
- os valores das variáveis em Resposta devem ser distintos
  dois a dois - implementado utilizando o pacote FD
- a equação que caracteriza o problema SEND+MORE=MONEY
**/

```
{FD.distinct Resposta}
            1000*S + 100*E + 10*N + D
+           1000*M + 100*O + 10*R + E
=: 10000*M + 1000*O + 100*N + 10*E + Y
```

/***
Ramificação e Exploração: selecione tentativamente o primeiro
valor de cada restrição básica
**/

```
{FD.distribute ff Resposta}
end
```

/***
ExploreOne: expressão em Mozart-Oz que especifica a busca de
UMA solução para o problema
**/

{ExploreOne QuebraCabeca}

Nesse caso, como a última linha do programa é `ExploreOne QuebraCabeca`, o programa encerra a execução assim que encontra *um* conjunto de valores para as variáveis.

O ambiente Mozart-Oz apresenta graficamente o resultado da execução de um programa, como uma árvore de busca. A árvore resultante da execução do programa acima, juntamente com os domínios associados às folhas da árvore `Resposta` em cada espaço de computação gerado — representado como um nó da árvore de busca no ambiente Mozart-Oz — são apresentados na Figura 9.

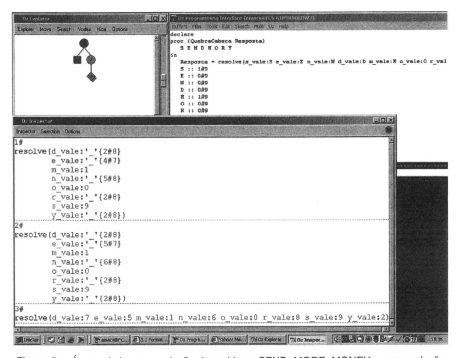

Figura 9 — Árvore de busca e solução do problema SEND+MORE=MONEY — uma solução.

Como pode ser observado, os domínios das variáveis `S, E, N, D, M, O, R` e `Y` são incrementalmente restringidos, até encontrar a solução `S = 9, E = 5, N = 6, D = 7, M = 1, O = 0, R = 8, Y = 2` — que é a solução do problema.

A última linha do programa pode ser modificada para `ExploreAll QuebraCabeca`. Nesse caso, a busca prossegue até exaurir as alternativas de valores para as variáveis do problema.

O resultado desse segundo programa é apresentado na Figura 10.

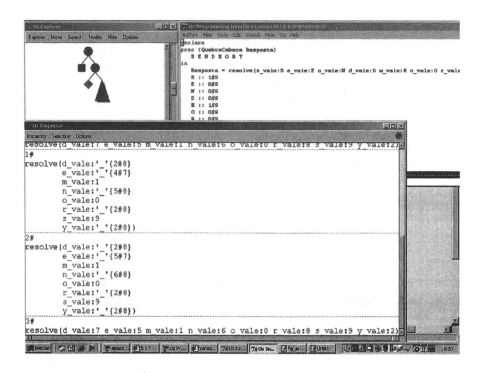

Figura 10 — Árvore de busca e solução do problema SEND+MORE=MONEY — todas as soluções.

12.6 LEITURA RECOMENDADA

Dois bons textos para conhecer mais a respeito de programação baseada em propagação de restrições são as teses de doutorado de Tobias Müller [29] e de Christian Schulte [35]. Os capítulos introdutórios apresentam a área com clareza, e os capítulos centrais apresentam aspectos técnicos especificamente relacionados com o ambiente de programação Mozart-Oz.

Um tutorial bastante didático foi preparado por Roman Barták [11], apresentando os conceitos básicos de programação baseada em propagações de restrições.

As páginas WWW do projeto Mozart (http://www.mozart-oz.org) apresentam muitas informações sobre o ambiente de programação Mozart-Oz. O próprio ambiente Mozart-Oz pode ser obtido desse endereço eletrônico. O ambiente Mozart-Oz é um software livre, com licença própria, porém compatível com o que é conhecido como "licença estilo X11". Dentre as informações encontradas nas páginas do projeto Mozart, sugerimos consultar os manuais de referência e o tutorial sobre a linguagem Oz.

12.7 EXERCÍCIOS

Os seguintes quebra-cabeças podem ser resolvidos utilizando propagação de restrições e domínios finitos. Implemente suas soluções como programas no ambiente Mozart-Oz e resolva cada um dos quebra-cabeças. Faça experimentos com diferentes estratégias de ramificação e exploração.

1. **Coloração de mapas**: considere um mapa geográfico (por exemplo, o mapa da América Latina). Pinte os países nesse mapa de forma que o menor número possível de cores seja utilizado e nenhum par de países vizinhos receba a mesma cor.

2. **O Problema das N Rainhas**: considere um tabuleiro de xadrez N por N (o usual é que o tabuleiro seja 8 por 8, mas podemos generalizar para qualquer valor inteiro N > 0). Como colocar N rainhas nesse tabuleiro de forma que nenhuma rainha possa ser atacada por qualquer outra?

3. **Organização de conferência**: uma conferência deve ocorrer, organizada em oito sessões técnicas e três tutoriais. Vamos chamar as sessões técnicas de $S_1, \ldots, S_8$ e os tutoriais de T_1, T_2, T_3. As seguintes regras precisam ser obedecidas:

   - o tutorial T_1 precisa acontecer antes da sessão S_1;
   - o tutorial T_2 precisa acontecer antes da sessão S_2;
   - o tutorial T_3 precisa acontecer antes da sessão S_3;
   - a sessão S_2 não pode ocorrer em paralelo com nenhuma das seguintes sessões: S_1, S_4, S_5;
   - a sessão S_6 não pode ocorrer em paralelo com S_3, S_5 e os tutoriais;
   - contando os tutoriais e sessões técnicas, não podem ocorrer mais do que três atividades em paralelo;
   - tanto as sessões técnicas como os tutoriais têm duração de meio período — manhã ou tarde;
   - as atividades da conferência ocorrem somente pela manhã ou à tarde.

   Organize as atividades da conferência de forma que ela ocupe o menor tempo possível.

13
Epílogo

> "No soy yo la única ventana por la que se ve el mundo;
> ni mi yo existe sin un tú y toda la gama de los pronombres personales"
> *Raimon Panikkar*

Neste livro procuramos apresentar os fundamentos que regem a construção de linguagens de programação. Conforme proposto no início, procuramos uma exposição equilibrada entre os extremos do poliglota iletrado e do lingüista teórico:

- Para o poliglota iletrado, apresentamos os conceitos e princípios das *linguagens de programação* de maneira geral, independentemente de linguagens ou paradigmas de programação específicos. Esperamos dessa forma ter destacado os elementos constituintes de qualquer linguagem de programação — e conseqüentemente de qualquer programa de computador. Acreditamos que conhecer esses elementos seja importante para qualquer profissional de Ciência da Computação. Acreditamos ainda que esse conhecimento possa inclusive influenciar de maneira decisiva a qualidade dos programas e sistemas produzidos por um profissional.

- Para o lingüista teórico, apresentamos muitos exemplos práticos de cada conceito estudado. Procuramos apresentar esses exemplos, fazendo uso de uma gama tão variada quanto nos foi possível de linguagens de programação. Com isso, esperamos facilitar o reconhecimento dos conceitos e princípios estudados em programas e situações práticas.

- Tanto para poliglotas iletrados como para lingüistas teóricos, incluímos diversos exercícios propostos ao longo do livro, visando possibilitar a auto-avaliação quanto à integração dos conhecimentos apresentados.

O estudo dos princípios de linguagens de programação assemelha-se em muitos aspectos ao estudo dos princípios de idiomas. Poderíamos (e chegamos a considerar essa possibilidade) denominar nosso livro *Lingüística Artificial*, por tratar exclusivamente de linguagens artificiais (as linguagens de programação, que têm como característica comum serem resultados de projetos de engenharia — sendo, portanto, linguagens artificiais).

Uma linguagem de programação é fruto de um trabalho de engenharia. O princípio da economia indica, como uma medida de qualidade do projeto de uma linguagem, a minimização dos recursos na linguagem para expressar os conceitos desejados. Esses recursos são sempre finitos e muitas vezes extremamente reduzidos em quantidade, conforme ilustramos na exposição dos diferentes paradigmas de construção e respectivos exemplos de linguagens de programação.

Uma linguagem natural (português, inglês, etc.) resulta da tradição e cultura de um povo. Um fator que diferencia linguagens naturais de artificiais é que as linguagens naturais resultam da criação coletiva e permanente de povos e nações. Outro fator fundamental, naturalmente, é que as linguagens naturais se prestam à comunicação entre pessoas, enquanto que as linguagens artificiais se prestam à comunicação entre pessoas e máquinas (devendo-se observar a sutil diferença de significado da palavra "comunicação" em cada um desses casos).

Algo comum entre as linguagens naturais e artificiais é o uso de recursos finitos para a expressão simbólica de idéias. Esses recursos finitos, entretanto, possibilitam a expressão de uma gama infinita de manifestações simbólicas, mesmo que de um conjunto único de idéias (basta para isso observar quantos algoritmos e programas já foram propostos até hoje para a idéia única de ordenação de uma coleção de elementos).

Considerando a possibilidade de infinitos conjuntos de idéias, temos infinitas manifestações para cada uma dentre infinitas possibilidades, todas representadas utilizando um conjunto finito de recursos. Esse aparente paradoxo é um aspecto intrigante e instigante para o estudo de fenômenos e processos lingüísticos, tanto naturais como artificiais. A discussão de suas conseqüências filosóficas e científicas merece um livro à parte, que pretendemos preparar no futuro.

Por agora, devemos agradecer ao leitor que nos acompanhou até aqui. Esperamos que esse livro seja útil e tenha sido considerado agradável e interessante.

Até a próxima,

Ana Cristina Vieira de Melo
Flávio Soares Corrêa da Silva

Referências bibliográficas

1. M. ABADI e L. CARDELI. A Theory of Objects. Springer-Verlag, 1.ª ed., 1996.

2. A. V. AHO, R. SETHI e J. D. ULLMAN. *Compilers: Principles, Techniques e Tools*. Addison-Wesley, 1986.

3. C. GHEZZI e M. JAZAYERI. *Programming Language Concepts*. John Willey & Sons, 2.ª ed., 1987.

4. M. DINCBAS e P. Van HENTENRYCK e H. SIMONIS e A. AGGOUN e Th. GRAF e F. BERTHIER. The Constraint logic programming language CHIP. In *Proceedings of the International Conference on Fifth generation Computer Systems FGCS-88, Tokyo, JAPAN*, 1988.

5. D. GELERNTER e S. JAGANNATHAN. *Programming Linguistics*. MIT Press, 1990.

6. M. WALLACE e S. NOVELLO e J. SCHIMPF. Eclipse: A platform for constraint logic programming. Technical repot, ic-parc, Imperial College, August, 1997.

7. K. R. APT. Logic programming. In. J. van LEEUWEN, editor, *Hebook of Theoretical Computer Science — B*. Elsevier, 1990.

8. M. P. ATKINSON e O. P. BUNEMAN. Database programming languages. *ACM Computing Surveys*, 19, 1987.

9. H. P. BARENDREGT. *The Lambda Calculus, its Syntax e Semantics*. North- Holle, 1984.

10. H. P. BARENDREGT. Funcional programming e lambda calculus. In J. van Leeuwen, editor, *Hebook of Theoretical Computer Science — B*. Elsevier, 19990.

11. R. BARTAK. Constraint Programming: Ind Pursuit of the Holy Grail. In *Procedings of WDS99 (invited lecture) — Prague*, 1999.

12. C. BÖHM e G. JACOPINI. Flow diagrams, turing machines e languages with only two formation rules. *Communicacitons of the ACN*, 9, 5 1966.

13. R. A. BRID e P. L. WADLER. *Introduction to Functional Programming*. Prentice-Hall, 1988.

14. T. BUDD. *Object-oriented Programming*. Addison-Wesley, 2.ª ed., 1998.

15. L. CARDELLI e P. WEGNER. On understeing types, data abstration e poly-morphism. *ACM Computing Surveys*, 17, 4, 1985.

16. J. COHEN. Garbage collection of linked structures. *ACM Computing Surveys*, 13(3), 1981.

17. B. J. COX. *Object-Oriented Programming: An Evolutionary Approach*. Addison-Wesley, Reading, MA, 1.ª ed., 1986.

18. S. DANFORTH e C. TOMLINSON. Type theories e object-oriented programming. *ACM Computing Surveys*, 20, 1 1988.

19. J. de BAKKER. *Mathematical Theory of Program Correctness*, Prentice-Hall, 1980.

20. E. W. DIJKSTRA. *A Discipline of Programming*. Prentice Hall, 1976.

21 J. A. GOGUEN. Principles of parameterized programming. In T. J. BIGGERTAFF e A. H. PERLLIS, eds., *Software Reusability — Concepts e Models*, volume 1. Addison-Wesley Publishing Company, 1989.

22. M. J. C. GORDON, *Programming Language Theory e its Implementaton*. Prentice-Hall, 1988.

23. C. A. HOARE. Notes on data strcturing. In. O. J. DAHL e E. W. DIJKSTRA, ed., *Structured Programming*, Academic Press, 1972.

24. _____. Recursive data structures. *Int. Journal of Computer e Information Sciences*, 4, 1975.

25. A. C. KAY. The early history os smalltalk. In *2nd ACM SIGPLAN History of Programming Language Conference*. ACM SIGPLAN Notice 28(3), 1993.

26. J. W. LLOYD. *Foundations of Logic Programming (2ed)*. Springer-Verlag, 1987.

27. E. MENDELSON. *Introduction to Mathematical Logic*, Van Nostre, 1979.

28. J. C. MITCHEL, *Foundations for Programming Languages,* MIT Press, 1996.

29. T. MULLER *Constraint Propagation in Mozart*, PhD thesis, Universitat des Saarlees, Saarbrucken, Germany, 2001.

30. D. PARNAS. On the criteria ot be used in decomposing systems into modules. *Communicacitons of the ACM*, 15, 2, 1972.

31. G. D. PLOTKIN. Structural operational semantics. Lecture Notes DAIMI FN-19, Aarhus University, Denmark, 1981.

32. J. A. ROBINSON. A machine-oriented logic based os the resolution principle. *Journal of the ACM,* 12(1), 1965.

33. D. SCHMIDT. *Denotational Semantics: a methodology for language development.* Allyn & Bacon, 1986.

34. D. A. SCHMIDT. *The Structure of Typed Programming Languages.* MIT Press, 1994.

35. C. SCHULTE. *Programming Constraint Services.* PhD thesis, Universitat des Saarlees, Saarbrucken, Germany, 2000.

36. R. W. SEBESTA. *Concepts of Programming Languages.* Addison-Wesley Longman, Inc, 4.ª ed., 1999.

37. J. SHOENFIELD. *Mathematical Logic.* Addison-Wesley, 1967.

38. J. H. SIEKMANN. Unification theory. *Journal of Symbolic Computation*, 7, 1988.

39. L STERLING e E. Y. SHAPIRO. *The Art of Prolog.* MIT Press, 1986.

40. A. TARSKI. A lattice-theoretical fixpont theorem e its applications. *Pacific Journal of Mathematics,* 5, 1955.

41. R. D. TENNENT. *Principles of Programming Languages.* Prentice-Hall, 1981.

42. S. THOMPSON. *Type Theory e Functional Programming.* Addison-Wesley, 1991.

43. I. C. WAND. Features of modern imperative programming languages. In J. MCDERMID, ed., *Sofware Engineer's Reference Book.* CRC Press, 1991.

44. D. A. WATT. *Programming Language Concepts e Paradigms.* Prentice-Hall International Series in Computer Science, 1990.

45. D. A. WATT e D. F. BROWN. *Programming Language Processors in Java - Compilers e Interpreters.* Prentice-Hall, 2000.

46. P. WEGNER. Classification in object-oriented systems. *ACM SIGPLAN*, 21, 10 1986.

47. _____. Capital—intensive software technology. In T. J. Biggerstaff e A. J. Perlis, eds., *Software Reusability — Applications e Experience*, volume 1. Addison-Wesley Publishing Company, 1989.

48. A. WIKSTRÖM. *Funtional Programming using Steard Ml.* Prentice-Hall, 1987.

49. G. WINSKEL. *The Formal Semantics of Programming Languages: anintroduction.* MIT Press, 1ª ed., 1993.

50. R. L. WEXELBLAT, *History of Programming Languages*, Academic Press, 1981

51. ACM, *History of Programming Languages Conference Proceedings*, ACM SIGPLAN Notices, 1993, 28(3).

52. ANSI, *American National Standard Programing Language {C}*, ANSI X3. 159-198, American National Standards Institute, 1989.

53. H. SCHILDT, *C the Complete Reference*, Osborne-MacGraw-Hill, 1976.

54. R. SEDGEWICK, *Algorithms in C*, Addison Wesley, 1998. 3ª ed.

55. ANSI, *American National Standard Programming Language (Fortran)*, ANSI X3.9, 1978, American National Standard Institute, 1978.

56. ANSI, *American National Standard Programming Language (Fortran 90)*, ANSI X3.198, 1992, American National Standard Institute, 1978.

57. ANSI, *American National Standard Programming Language (Cobol)*, ANSI X3.23, 1985, American National Standard Institute, 1978.

58. N. WIRTH, *The programming Language Pascal,* Acta Informática, 1971 vol. 1(1).

59. N. WIRTH, *Programming in (Modula-2)*, Springer Verlag, 1985, 3ª ed.

60. R. MILNER, M. TOFTE e R. HARPER, *The Definition of Standard ML*, Redmond, WA, DB20664-0491, 1990.

61. L. C. PAULSON, *ML for the Working Programmer*, Cambridge University Press, 1991.

62. D. TURNER, *An Overview of (Miranda)*, ACM SIGPLAN, Notices, 1986, vol. 21(12).

63. J. P. McCARTHY, D. J. EDWARDS, T. P. HART e M. LEVIN, *LISP 1.5 PRogrammer's Manual*, MIT Press, 1995, 2ª ed.

64. J. LOECKX, H. -D. EHRICH e M. WOLF, *Specification of Abstract Data Types*, John Wiley and Teubner, 1996.

65. H. M. DEITEL e P. J. DEITEL, *C++ How to Program*, Prentice-Hall, 1994, 1.ª ed.

66. J. GOSLING, W. JOY e G. STEELE,*The Java Language Specification*, Addison-Wesley, 1996.

67. N. GEHANI, *Ada: An Advanced Introduction*, Prentice-Hall, 1983.

68. P. R. WILSON, *Uniprocessor Garbage Collection Tehniques*, International Workshp on Memory Management, Springer, Alemanha, 1992.

69. R. JONES e R. LINS, *Garbage Collection*, Wiley, 1996.

70. B. MEYER, *Introduction to the Theory of Programming Languages*, Prentice-Hall, 1990.

71. E. W. DIJKSTRA e W. H. J. FEIJEN, *A Method of Programming*, Addison-Wesley, 1988.

72. B. W. KERNIGHAN, *The Practice of Programming*, Addinson-Wesley, 1999.

73. J. de BAKKER, *Mathematical Theory of Program Correctness*, Prentice-Hall, 1980.

74. C. B. JONES, *Software Development — A Rigorous Approach*, Prentice Hall — Int. Ser. In Comp. Sci. 1980, 1.ª ed.

Índice remissivo

λ-cálculo, 129-133
    λ-termo, 132
        fechado, 132
    abstração, 131
    aplicação, 131
    confluência, 130
    correção, 130
    redução, 132, 138
        a priori, 138
        dentro para fora, 138
        estratégia, 138
        fora para dentro, 138
        redução α, 132
        redução β, 132
        sob demanda, 138
    subtituição, 131
    terminação, 130
        variavel livre, 132
Árvore racional, 195
Abordagem ascendente, 2

Abordagem descendente, 2
Abstração, 103-124
    função, 104
    procedimento, 107
    processo, 104-107
    tipo, 116-125
Atribuição, 144, 146
Atributo, 158

Cláusula de Horn, 172
Classe, 159
Comando, 90
    atribuição, 91
    condicional, 93
    desvio incondicional, 101
    iterativo, 98
Controle, 144, 146
    repetição, 146
    seleção, 147

Espaço de computação, 188
Estado, 159
Exploração, 189
Expressão, 84-90
    agregação de valores, 85
    aplicação de funções, 86
    avaliação, 87
        ordem, 87
    condicional, 86
    efeitos colaterais, 89
    literal, 85

Haskell, 139
Herança, 159, 162-164

Identificador, 40

Linguagem de primeira ordem, 171
Linguagem de programação, 12-13
    assertivas, 12
    declarativas, 13
Literal básico positivo, 171

Máquina abstrata, 8, 84
Máquina de Turing, 129, 143
Método, 158
Módulo, 148-150
    bloco, 149
    função, 149
    parâmetros, 150
        passagem por referência, 151
        passagem por valor, 151
    procedimento, 149
Mensagem, 158
Metodologia de programação, 10
Mozart-Oz, 194

Objeto, 158
Operação, 146
    dependente de tipo, 146
    teste, 146

Pascal, 154
Poliformismo, 164
Processador, 9
    compilador, 9
    interpretador, 9
Programa, 9
Programa em lógica, 172
Prolog, 183
Propagação, 188
Propagador, 188

Ramificação, 188
Resolução, 175

Semântica, 9
    axiomática, 9
    denotacional, 9
    operacional, 9
Sintaxe, 11
Smalltalk, 165-168
Substituição, 173

Termo, 171
Tipo, 16-31, 42, 53
    composto, 22-35, 45-53
        conjunto potência, 30-39
        mapeamento, 27-29
        produto cartesiano, 22-24
        união disjunta, 24-27
    dinâmico forte, 145
    dinâmico fraco, 145
    estático, 142

    primitivo, 18-21, 42-45
        enumerado, 20-21
        não-numérico, 19-20
        numérico, 18
    recursivo, 31-35, 46-47
    sistema de tipos, 66-74
        monoformismo, 67
        poliformismo, 72
        sobrecarga, 68
    verificação, 74-79

Unificação, 174
    algoritmo, 175

Valor, 16
Variável, 16

    alocação, 53
    composta, 51-53
    declaração, 40
    desalocação, 53
    global, 53-54
    intermitente (*heap*), 53-54
    local, 53
    persistente, 53-54
    simples, 41
    tempo de vida, 53
Vinculação, 60-63
    dinâmica, 62
    escopo, 63
    estática, 63
    explícita, 61
    implícita, 61

GRÁFICA PAYM
Tel. [11] 4392-3344
paym@graficapaym.com.br